日本労働法学会誌119号

労使関係の変化と労働組合法の課題

日本労働法学会編
2012
法律文化社

目　次

《シンポジウム》
労使関係の変化と労働組合法の課題

《報告》
シンポジウムの趣旨説明……………………………… 村中　孝史　3
日本の企業別組合をどう認識するか………………… 久本　憲夫　6
コミュニティ・ユニオンと労働組合法理…………… 名古　道功　23
集団的労働法における労働者像……………………… 皆川　宏之　42
労働組合法上の使用者概念と団交事項……………… 木南　直之　57
個別的労働関係法における労働組合の意義と機能… 奥田　香子　73

《シンポジウムの記録》
労使関係の変化と労働組合法の課題………………………………… 90

《回顧と展望》
添乗員と事業場外労働のみなし制…………………… 阿部　未央　127
　　——阪急トラベルサポート（派遣添乗員・第3）事件・
　　　東京地判平成22・9・29労判1015号5頁——
出講契約の更新交渉過程における不法行為の成否… 石﨑由希子　136
　　——河合塾（非常勤講師・出講契約）事件・
　　　最三小判平成22・4・27労判1009号5頁——

平成23年度学会奨励賞について……………………… 野田　進　145

日本学術会議報告……………………………………… 浅倉むつ子　149

日本労働法学会第122回大会記事	152
日本労働法学会第123回大会案内	158
日本労働法学会規約	160
SUMMARY	163

《シンポジウム》
労使関係の変化と労働組合法の課題

シンポジウムの趣旨説明	村中　孝史
日本の企業別組合をどう認識するか	久本　憲夫
コミュニティ・ユニオンと労働組合法理	名古　道功
集団的労働法における労働者像	皆川　宏之
労働組合法上の使用者概念と団交事項	木南　直之
個別的労働関係法における労働組合の意義と機能	奥田　香子

《シンポジウムの記録》
労使関係の変化と労働組合法の課題

シンポジウムの趣旨説明

村 中 孝 史
(京都大学)

　現在の労働組合法は，昭和20年12月に制定されたいわゆる旧労組法を昭和24年に全文改正したものであり，以後，今日に至るまで，さらに35回の改正が行われている。これらの改正には，他の法律の制定・改廃によるもの（最近では，平成18年の一般社団法人法制定に伴う改正）が多く含まれるとともに，国家組織の再編に伴う改正も少なくない。後者は，労組法の適用範囲に変化を生じるものではあるが，前者と同様，労組法の実質的な内容に大きな変更を加えるものではない。労組法の内容に比較的大きな変更を加えた改正としては，昭和27年の改正と，昭和63年の改正を挙げることができる。

　昭和27年の改正においては，5条1項が改正され，資格審査が労働関係調整法による争議調整の手続参加の要件とはされなくなり，7条に第4号が追加され，また，協約の有効期間が最長3年とされるなどの変更が加えられた。また，緊急調整に関する規定が労調法から労組法に移され，14条の「署名すること」が「署名し，又は記名押印すること」に改められた。

　他方，昭和63年の改正は，司法制度改革との関連において，不当労働行為審査の長期化が問題とされたことを受け，主として労働委員会の審査手続に変更を加えるものであり，労使関係のルール自体に触れるものではない。したがって，労組法の定める労使関係のルールは，昭和20年代において，旧労組法の制定，24年の全部改正，27年改正と，比較的大きな変動を見るが，その後は，それほど大きな変化もなく現在に至っている。

　もっとも，集団的労働法全体を見れば，たとえば正当な争議行為の範囲や複数組合に対する中立義務など，様々な問題について判例が形成されてきたことを看過すべきでない。労組法の課題という点では，これらの判例を労組法に取

シンポジウム（報告①）

り込むべきか，ということも重要であるが，今回のシンポジウムでは，むしろ，労使関係の変化が労組法に投げかける問題に着目し，それらを検討対象とした。

　まず，労働組合に関しては，組織率の低下傾向が続くなど，全体にその活動が過去に比較すると低調な状況が続いている。いったい，わが国の労働組合を，また，その中心的存在である企業内組合をどのように理解すべきか，という問題に関し，久本報告が検討を行う。

　また，今日，地域ユニオンやコミュニティー・ユニオンと呼ばれる企業外組合の存在が従前以上に注目されている。これらの組合は，労働条件交渉というよりも，個別紛争の解決に介入することで労働者利益の実現を図るものであり，また，活動の場が企業外ということから組合活動の姿も企業内組合とは異なる。このような労働組合を，現行の労働組合法及び判例との関係でどのように理解すべきか，という問題について，名古報告が検討を行う。

　さらに，集団的な関係は，それがおかれた環境と無関係ではないが，近時においては，非正規従業員の増加，アウトソーシングの進展，企業組織再編の加速などの環境変化が集団的な関係にも様々な影響を与えている。そこで，今回は，それらの環境変化がもたらした問題のうち，労働者概念，並びに使用者概念及び団交事項に関して検討を行うこととした。

　労働者概念に関し，2011年4月に最高裁が二つの判決を出した。労組法上の労働者概念に関しては，労基法上のそれとは異なり，その外延に関して十分な議論があったわけではない。近時は，経営危険の分散や労働法の適用回避を目的に典型的な労働関係とは異なる契約形式が模索される例が増えており，皆川報告ではこのような状況下で労組法上の労働者概念をどのように理解すべきか，という問題を取り上げる。

　また，近時，グループ企業の管理がいっそう進展するなど，法人格を別にする企業が労働者の雇用や労働条件に対して実質的な影響力を有していたり，また，事業場内下請けや労働者派遣など，契約上の使用者でない者のところで就労する形態が増えている。団体交渉をめぐるルールがこのような変化に対応できているのか，ということが問題になるため，木南報告が使用者概念や団交事項に関して検討する。

最後に，奥田報告は，個別的労働関係法における労働組合の位置づけの問題を取り上げる。今日，過半数代表制度や就業規則法理における合理性判断など，個別法上のルールにおいても労働組合の関与が増大している。しかし，その法的地位については，なお十分議論がなされていないため，奥田報告ではそれらについて検討する。

　以上のように，今回のシンポジウムでは，労使関係の変化が労働組合をめぐる法にどのような問題を生じさせているのか，という問題を対象とするものであり，労組法をめぐる問題を網羅的に取り上げるものではないし，また，前者の観点についても，時間的制約からそのすべてを取り上げるものではない。

　　　　　　　　　　　　　　　　　　　　　　　　（むらなか　たかし）

日本の企業別組合をどう認識するか

久 本 憲 夫
（京都大学）

I　はじめに

　非正社員（あるいは非正規雇用）という言葉がはやっている。この用語は雇用身分格差的なニュアンスを含むものとして避けるべきだという見解もあるが，社会問題を言い表す言葉として近年定着しつつある。そもそも「正社員」という言葉は，1970年代後半から使われるようになったと思われる[1]。「非正社員」という言葉が一般に広がるのは，もっと遅い。もちろん，「正規の職員・従業員」を調べるとき，その他の雇用形態を「非正規従業員」と一括するのは自然であり，『昭和56年労働経済の分析』（労働省）に，その表現がみられるが，用語として一般化したとは言い難い。当時は，事実上「正社員と（女子）パート」という区分であった。図表1は，日本経済新聞社が発行する主要紙の記事検索をおこなった結果である。これによれば，「パートタイマー」が1980年代に急速に増加し，「正社員」は「派遣社員」とともに増える。1980年代末には「パートタイマー」と「正社員」が中心であった。1990年代半ばから，「契約社員」が増加した。これに対して，「非正社員」は21世紀に入ってからである。
　このように近年急激に「非正社員」という言葉が一般化したのは，その人数の急増とともに，「正社員」の減少がある。この点を労働力調査に基づいてプロットしたのが，図表2である。1997年前後が雇用形態における屈折点である

1）　官庁統計が「いわゆる正規の職員・従業員」という呼称による統計を取りはじめたのは，1980年代に入ってからである。「正社員」という概念の検討については，久本憲夫「労働者の「身分」について——工職身分格差撤廃と均等処遇」，『日本労働研究雑誌』No. 562（2007年），56-64頁，久本憲夫「正社員の意味と起源」，『季刊政策・経営研究』vol. 2（2010年），19-40頁を参照。

図表1　新聞記事件数からみた雇用形態（日経テレコン21）

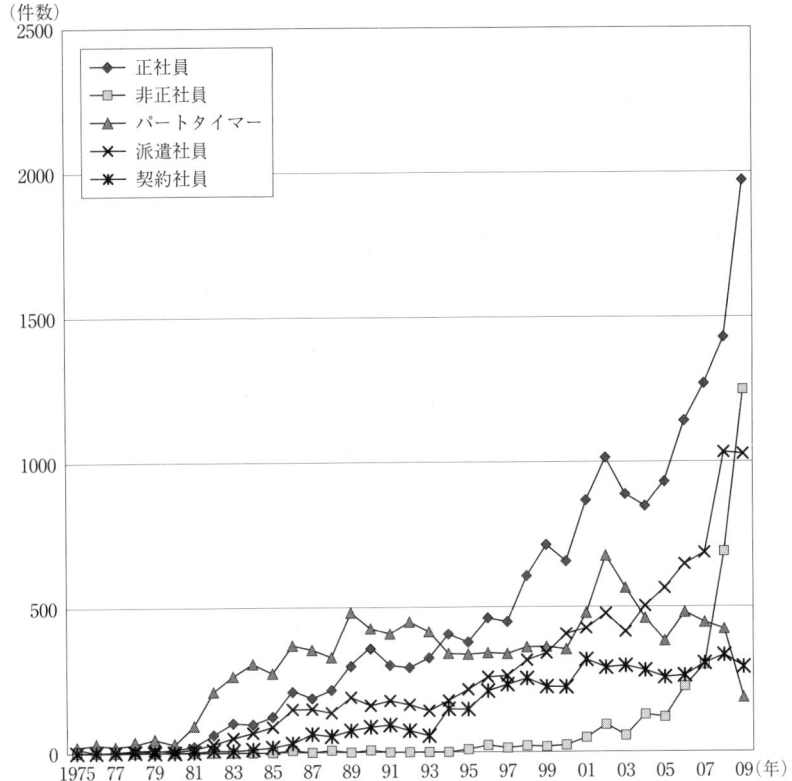

ことがわかる。こうした状況は，正社員中心の企業別組合にとっては，大きな危機を意味している。正社員の減少は組合員の減少に直結するからである。

本稿は2つの部分からなる。1つは表題が示すように，日本の「企業別組合」をどのように認識するかである。もう1つは，正社員中心の企業別組合が非正社員の増加に対応して抱える大きな問題，つまり，正社員と非正社員の均等・均衡待遇についての私論を展開する。

図表2　正社員数と非正社員数の推移

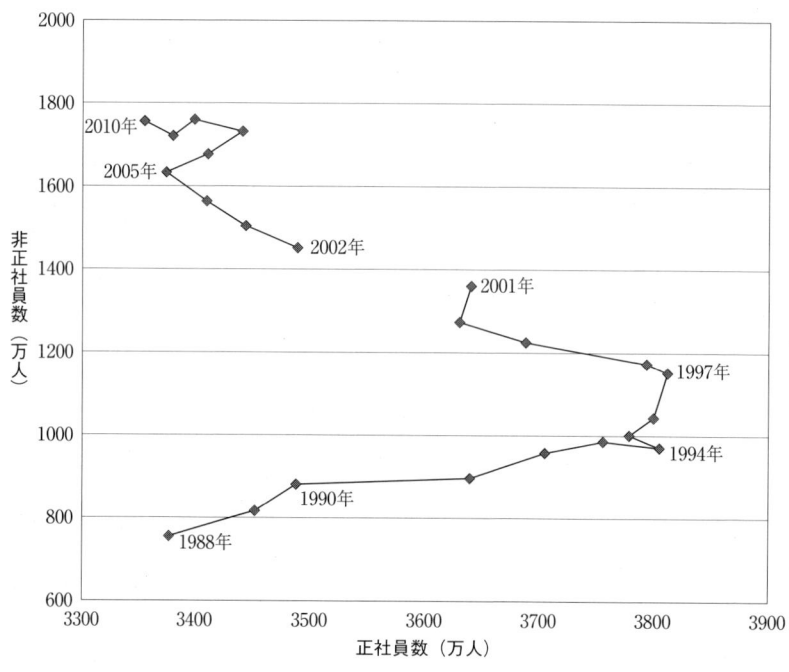

出所：2001年までは労働力調査特別調査（2月実施），2002年からは労働力調査（年平均）。

Ⅱ　日本の労働組合をどう認識するか

1　制度的特徴

　企業別組合の通説といってよいのは，白井泰四郎の見解であろう。白井は企業別組合をつぎのように定義づける[2]。「企業別組合とは，特定の企業ないしその事業所ごとに，その企業の本雇いの従業員という身分資格をもつ労働者（職員を含めて）のみを組合員として成立する労働組合のことである。しかも，この企業別組合は，その運営上の主権をほとんど完全な形で掌握している独立の

2）　白井泰四郎『企業別組合　増訂版』（中央公論社，1979年）2頁。

労働組合である。独立という意味は、自らきめた独自の組合規約をもち、組合の役員も原則として同じ企業の従業員から選出され、独自の財政をもっていることであって、要するに自前で存在し、活動するに当たってほとんど完全な自治権をもつ労働組合である。」として、その特徴を4つの点について検討する。①組合員の範囲についていえば、原則として本雇いの従業員、正社員中心である。職種やホワイトカラーとブルーカラーを区別しない。②組合役員の在り方では、組合専従であっても企業籍が前提である。③組合活動において上部組織に対して完全な自治権をもつ。④組合財政も企業別組合が握っている。

　白井が指摘した（日本の）企業別組合の制度的特徴は基本的には変化していない。しかし、まったく変化がないのかというとそうではないだろう。以下では、現代日本の企業別組合の機能的特徴について検討することにしよう。

　なお、白井が暗黙に前提としているのだが、多くの企業別組合は上部団体に加盟している。決して企業内組合として外部に閉じているわけではない。上部団体加盟組合は、組合数で約75％、組合員数で91％を占める（2007年時点）。

2　企業別組合は御用組合か

　労働組合というものは、原点に職業別組合があり、その後産業別組合が有力とされてきたが、いずれにしても企業外部の組織であり、企業別組合は本来の労働組合ではないという議論がかつてあった。歴史的に見れば、1910年代から30年代にかけての欧米での企業による「御用組合」「会社組合」活動と比較しての議論である[3]。

　実際、白井は日本の企業別組合の欠陥として、つぎのように書いている。やや長いがそのまま引用することにしよう。「第二の欠陥としてよく指摘される[4]

---

[3]　本稿では、御用組合と会社組合を同義とする。それは、主として外部からの組合組織化を阻止する目的で、経営者が人事労務管理の一環として、積極的に組織化している従業員組織である。法的には「使用者の利益代表者」を排除することで、こうした可能性を排除するとされているが、実質的にどうであるかという点は、全く逆の立場から批判がある。1つは、形式的に「使用者の利益代表者」を排除したとしても実質的にはユニオンショップのような形で、経営に従順な組合を維持しており、これでは真に自立的な組合とは言えないという批判である。もう1つの批判は、こうした形式的な従業員の排除が、日本の企業別組合の実際の活動にとってはマイナスであり、実質的には組合活動を弱体化させているという批判である。

のは，労働組合と経営との癒着という現象である。組合と経営の癒着ということは，さまざまな意味を持っているが，端的にいえば，労働組合が会社の御用組合になるという危険性を体質的にもっているということである。企業別組合は，ある企業に長期勤続を予定された正規従業員のみが結成する組合であるし，組合員の雇用・労働条件改善は所属企業の安定と繁栄にかかっているのだから，企業の利益と組合員＝従業員の利益は一致する側面が多いことはいなめない。そのため，労使の利害の対立面があいまいにされ，組合員の利益を企業の利益に従属させてしまうか，企業の利益の枠内でのみ組合運動が行なわれること（これを企業主義，企業セクトなどとよぶ）になってしまう。組合員も組合役員も従業員であるから，経営側は陰陽の手段を通じて組合内部に介入し，組合を外部の労働運動から切り離し，経営者の望むような形に仕上げ上げることが比較的容易に行なわれる。そうなると，企業別組合は名前は労働組合であっても，その実体は企業の労務管理の下請け機関となってしまう。たしかにそのような組合が遺憾ながらわが企業別組合の大半をしめると言えるかもしれない。」[5]

　この点における白井の評価には私は同意できない。そもそも「企業の利益と組合員の利益が一致する側面が多い」ということは何を意味するのだろうか。「企業の利益の枠内でのみ組合運動が行なわれる」というが，「企業の利益に反した組合運動」とは何を意味しているのか。この点の追究が乏しい。組合員の利益に反する企業の利益を体現するものは，株主配当なのだろうか，経営者報酬なのだろうか，それとも管理職クラスの報酬なのであろうか。日本企業は，株主配当が欧米諸国よりも高いのか，経営者や管理職と組合員の報酬格差は欧米諸国よりも大きいのであろうか。こうした点の検証なしに，御用組合と断じることは誤りだといってよいだろう。

　では，日本の現実の企業別組合を「御用組合」「会社組合」から分かつものは何か。実体的には，上に見た点を検討すれば済むことである。近年における株主配当の高まりは指摘されているが，欧米よりも報酬格差が大きいということはないだろう。むしろ日本の経営者と組合員の格差は小さいといわれている

---

4)　第1の欠陥とは，組合規模が小さくなりがちであるということ。
5)　白井・前掲注2)書45-46頁。

のではないだろうか。それ以外に，この点を制度的にみるとすれば，まず「使用者の利益代表者」の排除や便宜供与の制限がある。また，上部組織加盟の有無もある。他の企業の労働組合とともに上部組織に加盟している場合，「会社組合」とは呼べないだろう。さらに，日本の労働組合運動は大企業の企業別組合中心であり，その意味で組織化努力が少ない点に大きな特徴（欠点）がある。そのため，企業の方もあえて外部の運動組織からの組織化を恐れて会社組合を結成するということはほとんど起こっていないように思われる。あるとすれば，労使協調的な組合結成を認めるということではないだろうか。

3 機能的特徴

ここでは，日本の企業別組合の機能的特徴を3つの観点から把握することにしたい。社員志向の強さ，人的なコーポレイト・ガバナンス構造（労使関係構造），そして労使協議中心主義である。

(1) 社員（企業のメンバー）志向の一層の強まり

労働組合が組合員の安定した雇用と高い賃金を追求するのは当然である。それはどこの組合でも大きくは変わらないであろう。同じ企業別組合であったとしても，企業からできるだけ高い賃金を獲得することにしか関心がなく，自らを企業のメンバーとは考えない組合もある。その点，企業のメンバーであることを求める強さに日本の（多数派）企業別組合の特徴があると言えるだろう。もちろん，現実には，こうした企業のメンバー性を否定する企業経営者は少なくなく，それに対応して対抗的労使関係となっている場合もあるが，日本の大企業の多数派組合についていえば，こうした社員志向の強さが1つの大きな特徴であるといってよいだろう。

歴史的に見れば，日本の企業別組合は工職身分格差の撤廃とブルーカラーの昇給昇進の実現をおこなったといってよい。これに対して，かつて大卒ホワイトカラーは雇用の安定性は当然のこと，幹部社員候補生として異動や昇進も当然視していた。大企業では高学歴組合員が多数を占めることにより，もはや彼ら

---

6) もちろん，経営者と一体的であるという批判から組合執行部を「御用組合」だという意見は常にある。

シンポジウム（報告②）

全員が幹部候補生とは言えなくなっている。つまり，マスコミや金融業は言うまでもなく，ブルーカラーを主力としてきた製造業の企業別組合においても，高学歴ホワイトカラーを主力とする組合に変化し，かつて以上に社員志向のより強い労働組合になっているといってよい。図表3は，電機連合の組合員の構成をみたものであるが，高学歴化が一目瞭然である。30代では大卒・大学院卒中心である。これは専門職組合を除けば，欧米の労働組合がブルーカラーやホワイトカラー下層中心であるのと異なる顕著な特徴である。

(2) 人的なコーポレイト・ガバナンス構造

こうした高学歴化と相互補完関係にあるのが，経営者までつながる企業内における内部昇進制度である[7]。かつては，工職一体の企業別組合とはいえ，その主力はブルーカラーであった。しかし，製造業においても工場の自動化・海外移転などを通じて大卒が中心的な役割を果たしつつあることは先にみたとおりである。そのため，経営者と組合員の意識の差は一層小さくなってきたといってよいだろう。これが，日本的雇用システム[8]を形成，強化してきた。「使用者の利益代表者」規定により，管理職クラスから非組合員になるとはいえ，こうした高学歴であり，経営者とキャリア的に距離の近いユニオンリーダーの存在は，高学歴ホワイトカラーの組合組織化という課題に対して基盤があるという点で，メリットがある。ホワイトカラーの働きかたに最も適応した組合類型であるといってよい[9]。

ただ，株の持ち合いや安定株主の低下により，経営者は短期業績圧力・株主価値重視への圧力を強く受けるようになっている。企業価値（株価）経営や株主主権の強調である。経営者と従業員の意識の違いは，株主構造の変化や持株会社の一般化によって今後広がる可能性もある。しかし，こうした構造はまだ

---

[7] この点については，稲上毅・連合総合生活開発研究所『現代日本のコーポレート・ガバナンス』（東洋経済新報社，2000年）；稲上毅・森淳二朗編（東洋経済新報社，2004年）『コーポレート・ガバナンスと従業員』を参照されたい。
[8] 定義については，仁田道夫・久本憲夫編『日本的雇用システム』（ナカニシヤ出版，2008年）の序章を参照。
[9] 他の国でも高学歴労働組合がないわけではないが，それはどちらかといえば，専門職組合（職業別組合）としての色彩が強く，企業別組合とは色合いが異なるといってよいだろう。

図表3　電機連合調査からみた組合員構成

		件数	性別			年齢		学歴別						
			男性	女性	無回答	中央値・歳	平均・歳	中卒	高卒	短大・高専・大専	専門学校卒	大卒	修了大学院	無回答
組合員計		2606	80.8	18.7	0.5	34.5	35.9	1.2	39.4	9.7	4.4	34.4	10.3	0.6
男性計		2105	100.0	…	…	34.5	36.2	1.3	38.0	4.7	4.3	39.2	12.4	0.0
男性年齢別	30歳未満	424	100.0	…	…	27.5	27.2	0.2	18.9	3.5	0.9	50.9	25.5	…
	30〜34歳	625	100.0	…	…	32.5	32.7	0.2	37.1	5.6	4.8	35.7	16.6	…
	35〜39歳	496	100.0	…	…	37.5	37.3	…	35.5	4.0	5.6	48.2	6.7	…
	40〜44歳	269	100.0	…	…	41.5	41.9	…	50.2	6.7	5.2	34.9	2.6	0.4
	45〜49歳	114	100.0	…	…	47.5	47.3	7.0	57.9	3.5	4.4	24.6	2.6	…
	50歳以上	146	100.0	…	…	54.5	54.3	11.6	65.1	3.4	5.5	11.6	2.7	…
男性職種別	生産労働	380	100.0	…	…	38.5	39.3	5.0	80.8	3.7	5.0	5.0	0.5	…
	事務	436	100.0	…	…	35.5	36.9	0.2	40.8	4.0	6.4	46.6	3.0	…
	技術	971	100.0	…	…	33.5	34.4	…	22.1	6.1	2.9	46.0	23.6	0.1
	営業・販売	168	100.0	…	…	34.5	35.2	…	18.5	3.0	3.0	71.4	4.2	…
	その他	53	100.0	…	…	37.0	37.5	1.9	45.3	3.8	9.4	34.0	5.7	…
女性計		487	…	100.0	…	33.5	34.9	0.8	46.8	31.4	4.9	14.2	1.4	0.4
女性年齢別	30歳未満	122	…	100.0	…	27.5	26.9	…	30.3	42.6	1.6	21.3	4.1	…
	30〜34歳	145	…	100.0	…	32.5	32.7	…	46.9	33.1	7.6	11.0	1.4	…
	35〜39歳	108	…	100.0	…	37.5	37.2	…	51.9	26.9	6.5	14.8	…	…
	40歳以上	93	…	100.0	…	45.5	46.2	3.2	62.4	20.4	4.3	9.7	…	…
組合役員経験	経験なし	1031	75.4	24.2	0.4	34.5	35.0	0.4	37.1	11.2	4.7	36.0	10.2	0.6
	現在職場委員	915	87.9	11.9	0.2	34.5	35.2	1.3	36.8	8.3	3.7	38.3	11.4	0.2
	過去に経験したことがある	528	81.3	18.6	0.2	37.0	38.4	1.9	45.3	9.1	4.9	28.8	9.8	0.2
従業員規模別	300人未満	164	87.2	12.8	…	34.5	35.3	1.2	42.7	9.1	5.5	31.7	9.8	…
	300〜999人	279	81.0	19.0	…	34.5	35.7	1.1	48.7	7.5	4.3	33.7	4.7	…
	1000〜2999人	343	84.0	15.2	0.9	34.5	35.7	2.3	37.6	9.3	3.8	33.8	12.2	0.9
	3000〜4999人	200	79.5	20.0	0.5	35.5	36.2	0.5	29.0	12.5	3.5	44.5	9.5	0.5
	5000〜9999人	227	83.7	15.9	0.4	33.5	36.1	2.2	19.4	12.8	4.0	51.1	10.1	0.4
	10000人以上	1393	78.9	20.5	0.6	34.5	36.1	0.9	42.4	9.3	4.6	30.8	11.2	0.8
業種別	総合	547	87.2	12.6	0.2	34.5	36.8	1.6	52.1	6.9	5.3	21.9	11.7	0.4
	重電	184	84.2	15.8	…	34.5	36.1	1.1	34.8	11.4	5.4	40.2	7.1	…
	家電	360	80.3	19.2	0.6	34.5	36.0	0.6	41.1	8.1	3.1	30.8	15.3	1.1
	音響	115	88.7	10.4	0.9	40.5	41.4	8.7	30.4	8.7	4.3	40.9	6.1	0.9
	通信	1061	77.6	21.8	0.7	34.5	35.4	0.8	35.2	11.1	4.0	38.4	10.1	0.6
	情報	138	79.7	19.6	0.7	31.5	32.2	…	11.6	12.3	6.5	63.0	5.8	0.7
	部品	201	74.1	24.9	1.0	34.5	35.5	0.5	52.7	9.5	4.0	24.9	7.5	1.0

出所：電機連合（2005）『調査時報』No. 352, 7月号。

(3) 労使協議中心主義

高度経済成長期に充実をみせた労使協議中心主義は，基本的には維持されている。バブル崩壊後の変化は，以下の点にみられる[10]。

①協議内容の複雑化・深刻化　希望退職などを含む深刻な人員削減に関する労使協議がふえたのが，バブル崩壊後の変化であるが，それだけでなく複雑化したのも大きな変化であろう。その代表が企業組織再編であろう。高度成長期であれば，ある企業に入社したら，その企業で定年まで働くことが当たり前のこととされていた（実際には，この時期には転社する人々が多かったが。）。安定成長期にはいると，出向や転籍によって，ほかの企業で働くことも増加していった。ところが，21世紀に入ると事業組織再編，つまりいろいろな企業部門の譲渡や企業分割などが日常化し，かつては考えられなかった企業所属が変化するという事態を生みだした。これは企業別組合にとっては，その組織基盤の再編成の日常化を生みだすこととなり，大きなショックであった。ただ，持株会社化の進展による労使協議事項の空洞化現象は，現時点ではそれほど起こっていないように思える。これも先の(1)(2)の特徴が維持されているためであると考えられる。

②一層の協調化　ストライキが例外となって久しい。労使関係は，一層「協調的に」経営に対して対抗的な姿勢を維持していた組合も「協調的」に変化した。連合総研の報告書によれば，経営案に対する組合の意見反映度は「高くなった」とするほうが「低くなった」とするよりも倍くらい多い。組合の意識としては，深い労使協議が実行できていると認識している[11]。

③組合員の理解度の低下　悩みは労使協議事項の内容に対する組合員の理解度であり，低下したとみる組合は高くなったとみる組合よりも倍くらい多い。協議内容が複雑化したために，組合執行部と一般組合員のコミュニケーショ

---

10) この点については，久本憲夫編『労使コミュニケーション』（ミネルヴァ書房，2009年）第1章を参照。紙幅の関係で図表は略す。
11) 連合総合生活開発研究所『「労働者参加，労使コミュニケーションに関する調査」報告書』（2007年）。

ンがむしろ低下したのである。

Ⅲ　均等・均衡処遇と組合活動

　最初に見たように，正社員中心の企業別組合は，企業が正社員の削減と非正社員や間接雇用での代替という路線に大きく舵を切った時，非正社員の組織化という課題に初めて直面することになった。そのとき，問題となるのが均等・均衡処遇という考え方への対応である。

1　なぜ，同一労働同一賃金（同一価値労働同一処遇）とはならないのか
　そもそもなぜ「同一労働同一賃金」にならないのであろうか。差別がないと仮定すると，とりあえず2つの可能性が想定できる。
（1）　商品の価格平準化機能が働いていない
　もし，市場が同じであれば，市場には商品の価格平準化機能がある。同じ労働市場の労働者間で不当な処遇格差があるとすれば，労働需給の当事者，つまり企業か組合かが強力すぎるからであろう。特定の企業組織や労働者組織が強力な力をもち，独占・あるいは寡占によって，賃金を引き上げたり，引き下げたりしているということである。完全競争の均衡を最善と考えがちな経済学では，しばしば労働組合による売手独占という議論がある。しかし，労働組合の独占的な力によって特定の人々が高い処遇を得ているという批判が，日本の企業別組合に当てはまるかといえば，その説明力は低いといわざるをえない。企業別組合が強い交渉力であまりに高い賃金を獲得しているという話は聞かない。むしろ近年の春闘からわかるように，企業別組合の賃上げ交渉力は落ちているとみるべきであろう。
　他方，企業別組合は御用組合的で低い労働条件で甘んじているという批判がある。しかし，それと企業別組合の組合員の処遇が非正社員に比べて良すぎるという批判とは相矛盾する。企業が独占的な力を持っているとすれば，「不当に」労働力を酷使することはありうる。買手独占・寡占である。しかし，こうした議論も現時点では現実的ではないだろう。非正社員を雇用する主体が少数

シンポジウム（報告②）

の独占体であるとか，カルテルを結んでいるということではないだろう。

(2) 労働市場が異なる

市場が異なれば，価格が同じになる必然性はない。たとえば，工業用ダイヤモンドと宝石としてのダイヤモンドは市場が異なる。そのため，価格も異なる。正社員と非正社員も労働市場が異なると考えたほうがよいだろう。つまり，同一労働同一賃金でないのは，労働市場が異なるからである。処遇を決めるのは，労働市場の違いなのである。

① 企業内労働市場と外部労働市場

雇用という観点からすれば，直接雇用と間接雇用の違いがある。直接雇用の場合には，企業内の処遇制度がその賃金の決め方とその水準を決めるのに対して，間接雇用の場合は，職種別労働市場や地域労働市場がその賃金の決め方と水準と規定する。同じような仕事をする人々の処遇差が大きく，間接雇用の方が割安であると企業が考えれば，2つの方法で対応しうる。(イ)企業内処遇制度の変更。つまり，間接雇用でも代替可能である職種についての処遇を間接雇用水準に近づける。もうひとつが，(ロ)直接雇用の間接雇用化である。これによって，コスト削減が可能となる。

日本の大企業労使関係では，(イ)よりも(ロ)を選好してきた。(イ)については工職身分格差撤廃の経験から，組合員間で極端な処遇格差を好まない企業別組合の活動が大きく寄与したようにおもわれる。そのため，(ロ)を多く用いたのであった。派遣・請負の活用，俗に言うアウトソーシングである[12]。企業内労働市場での「処遇」は，内的公平性・納得性にもとづく賃金処遇制度で決まるのに対して，間接雇用は，外部労働市場（地域労働市場，職種別労働市場）の相場で決まる。同じあるいは類似した仕事をしていて，処遇ルールが異なる場合，均等・

---

12) わたしはこれを会社別雇用管理と呼んでいる。たとえば，企業の製造ラインを他の企業に請け負わせる場合，今まで働いていた従業員を請負会社に出向させ，その後の人員補充はその請負会社のプロパー社員で行なうことによって，現在の従業員の処遇を維持しつつ，人件費の削減をおこなうというやり方は高度成長期からおこなわれていた。このマイルドなコスト削減策である（在籍）出向制度は重要な労使協議事項であった。久本憲夫『企業内労使関係と人材形成』（有斐閣，1998年）参照。なお，これが出向扱いである従業員が上司となり，部下がすべてプロパー社員となると「偽装請負」という扱いになるのかもしれない。

均衡ではないという不満が低賃金労働者の側から高まる。

　こうした格差の大きさが企業別組合の交渉力の強さの結果であるという根拠が薄弱なのは，組合のある大企業の処遇と組合のない大企業の処遇の差があまりないことからも明らかである。企業が好んで直接雇用と間接雇用の格差をつくり上げているのである。

　②　企業内労働市場での「正社員」と「非正社員」

　現実には，正社員といっても内実は多様である。たとえば，ベンチャー企業で働く正社員にとっては，企業は今後急成長するかもしれないが，すぐに倒産してしまうかもしれない。こうした企業での「長期安定雇用」は空疎なものである。また，年収100〜200万円台の低賃金で働く正社員も少なくない。

　公正な格差について論じるのが難しいのが，処遇のいい組合員を多く抱えている労働組合であるのは間違いない。そこでは，企業内労働市場内部での処遇制度の違いも小さくない。「雇用区分」によって，処遇差は当然に存在する。(イ)における「雇用保障水準」と「賃金水準」における別制度化である。

　処遇格差には工職格差，管理職クラスと一般社員の格差，職種別格差など多様であるが，現代日本では，格差に関しては，「正社員」と「非正社員」の格差が話題となる[13]。より処遇水準の低い各種の「雇用区分」を発明することで対応してきたといってよいだろう。この各種の雇用区分をまとめて「非正社員」と呼んでいるわけである[14]。かつての工職身分格差とは，不安定雇用・日給で昇

---

[13]　男女間格差については，周知のように大きいが，ここでは取り扱う余裕がない。伝統的に，日本の企業も労働組合も男性と女性を別の雇用区分として捉えていた。ブルーカラー女性を大量に活用してきた日本企業の伝統から，そうした者として管理されていた。結婚までの若年労働力としての女性労働が，明治・大正期では日本の労働者（職工）の主力を形成していた。男性労働者（職工）数が女性労働者（職工）数を上回るのは，ようやく1932年のことである（1920年を除く）。日本では，それまでは労働者とは主として女性を意味していたのである（大河内一男・松尾洋『日本労働組合物語　昭和』（筑摩書房，1965年）なお原出典は，労働運動史資料委員会編『日本労働運動資料』（第10巻，統計編））。こうしたことから，男女雇用平等が社会的テーマとなって以来，伝統的な大企業ととともに企業別組合も，それへの対応を余儀なくされることとなった。性別雇用管理はそれまでは当然の日常的な雇用管理であったからである。

[14]　雇用区分については，佐藤博樹「雇用区分の多元化と賃金管理の課題」『社会政策学会誌』12（法律文化社，2004年）60-82頁。

進の道がほとんどないブルーカラー従業員と終身雇用・完全月給制で昇進するホワイトカラー職員層との格差を意味していた。こうしてみると，非正規問題は，まさしく工職身分格差の再来であり，不安定雇用で時給という意味で，名目的には多くがホワイトカラーではあるが，実態としては「新しいブルーカラー層」の登場と呼んでもよいかもしれない。

2　なぜ，同一労働同一賃金が主張されるのか

　正社員と同じ仕事をしている非正社員が，処遇に大きな格差があるとすれば，それに不満を覚えるのは至極当然のことである。少し前までは，この点は男性正社員に対する女性正社員の不満として取り上げられていた。女性に対する雇用差別，とくに昇進差別・人事考課差別である。女性というだけで，査定が低く昇進もしないということである。この議論では女性正社員による「同一労働同一賃金」論に基づく批判は「差別」として取り上げられた。しかし，正社員と非正社員の格差については，「差別」という議論は多くない。たとえば，同じ大卒男性が正社員か非正社員かで大きな処遇格差があるとした場合，どのような差別なのかということは男性か女性かというほど明確ではない。

　ILOの1958年の差別待遇（雇用及び職業）条約（第111号）においても，「ここにいう差別待遇とは，「人種，皮膚の色，性，宗教，政治的見解，国民的出身，社会的出身などに基づいて行われるすべての差別，除外または優先で，雇用や職業における機会または待遇の均等を破ったり害したりする結果となるもの」をいう」とされている。「雇用区分」はここでの「差別」ではない。非正社員が正社員になることは可能であるし，正社員も非正社員になってしまうこともある。女性正社員は男性正社員に対して，差別の批判をしたが，非正社員に対しては批判される立場になる。

　労働運動が，同一労働同一賃金を主張する理由は「比較の論理」である。たとえば，全国的な労働組合の賃上げ交渉の多くはこの比較の論理を用いることによってなされる。最初にトップバッターとして，業績のよい企業や業界を選ぶ。支払い余力があるからである。ついで，そこで獲得した労働条件の向上を同業種のやや業績の劣る企業や業績の劣る業界に「同一価値労働同一賃金」の

ロジックを用いて交渉するのである。

　職業別組合の場合には，それぞれの職業別労働市場のひっ迫度が重要である。必ずしも組合同士が連携するわけではない。労働力不足であったり交渉力が強かったりする組合が賃上げを獲得すると，同レベルのクラフトやプロフェッショナルの組合は比較の論理を用いて賃上げを求める。このようにみると，労働供給と労働需要における労働供給側の論理であることがわかる。それは労働市場における市場条件としては，「弱者」の論理であるといってもよい。それを団結によって要求できれば，力をもった組合運動であるが，そこまでの団結力がなければ，一般的な不満にとどまる。

3　生活給思想と日本の労働組合運動

　日本の労働組合運動には生活給思想が強い。単身者がやがて結婚し子供を育てるのに必要な，ライフサイクルにもとづく賃金論が根底にある。組合運動がこうした片稼ぎモデルの処遇を求めたことは，当時の状況からすれば当然のことであった。片稼ぎゆえに，長期安定雇用は必須の要求であった。[15]

　組合はその代償として，配置転換はもちろん残業・転勤も受け入れる。残業は手取り収入増加のためにむしろ希望するのである。こうした片稼ぎ正社員モデルゆえに，日本の企業別組合では，「同一価値労働同一賃金」論の居心地が悪い。[16] 現状では非正社員並みの賃金切り下げになる可能性が高い。賃金と仕事が厳密には対応していないために，雇用区分は別なのに実際には同じあるいは同種の仕事をする人々が少なからず存在している。こうした仕事の境界の重なりが処遇格差の不公正感を強めている。

　そのため，日本企業の労使にとっては間接雇用のほうが楽だと考えることが多い。しかし，これでは問題を解決したことにはならない。本来であれば，直

---

[15]　人が安定した生活を送りたいと思うのは自然な感情である。安心感があればこそ冒険もできる。資本主義が発達したのは，「株式会社」という有限責任のシステムを発明したからである。株主は出資分の責任しか負わない。また，経営者も巨額赤字を出してもその金銭的責任は負わない。職を失うだけである。

[16]　片稼ぎ正社員モデルから共稼ぎ正社員モデルの主流化を踏まえた正社員の多様化の必要性については，久本憲夫『正社員ルネサンス』（中央公論新社，2003年）を参照。

シンポジウム（報告②）

接雇用が自然な形であるにもかかわらず，形式上間接雇用という形をとるのは健全だとはいえない。また企業別組合が間接雇用を大量に認めることによって，職場で働く人々のうちに占める組合員の割合がどんどん減少し，従業員の代表としての企業別組合はその機能を失い，少数の幹部社員のための組織となりかねない。それは大衆運動としての労働組合活動の静かなる死を意味している。

4 組合員としての連帯と公正な格差の議論が必要

非正社員の組合組織化はある程度広がっているが，もし同じ職場で働く人々の多数を組織化しようとすれば，組合員間で「公正な格差」を論じざるをえないだろう。既存組合員の利益だけでは，その人数は徐々に減少し，組合運動は少数者の運動になってしまい，ついには消えてしまう可能性もある。

労働組合，とくに日本の労働組合運動は，今まで格差をつけることを「悪」だとみなしてきた。工職格差撤廃闘争に代表されるように，組合員の格差をなくしたりできるだけ小さくすることを求めてきた。しかし，今や公正な格差の議論を避けては通れない。組合組織化・多数派の獲得という組合運動の原点から，単純に格差を縮める運動から「公正な格差基準」を作り上げる運動に転換すべきではないだろうか。それは多数派の獲得であり，真の連帯であり，包み込む政策である。

では，どのようなものが公正な格差なのだろうか。抽象的にいえば，公正な格差とは，皆がそれなりに納得する格差である。それは業界によって異なるであろう。それを発見し了解し合うこと，これが組織化の基本であろう。そのうえで，現実の格差と公正な格差に開きがあるとすれば，その差を縮めるのである。格差をなくすことが問題なのではない。不当な格差をなくすことが大切なのである。

具体的に処遇格差を突き詰めていけば，雇用の安定性と報酬の違いに帰着するだろう。雇用期間についていえば，有期雇用か期限の定めのない雇用（近年の用語としては，無期雇用）という区分が明確である。この点については，仕事内容が臨時的あるいは変動が大きい職務かそうでないかで区別される。事実上の試用期間として，人材の見定めのために使われる場合もある。前者について

は，組合は恒常的な仕事に対して有期雇用を用いることは批判することができるだろう。

より複雑なのは報酬に関する処遇格差である[17]。それには制度格差と水準格差とにわけることができる。前者についてみると，(イ)基本給が月給か時給なのか，(ロ)職能給あるいはそれなりの幅のある範囲職務給なのか，あるいは定昇があるのかないのか，(ハ)賞与の有無と水準，(ニ)退職金の有無などがある。それぞれについて検討していくことにしよう。

(イ) たとえば，長期アルバイトから（有期）契約社員になる場合，時給から月給になるだろう。月給制になったかといっても必ずしも賃金が上がるわけではない。ただ安定性は強まる。

(ロ) 月給制になったからといっても単一職務給であれば，職務内容が変わらない限り賃金は上がらない。習熟昇給のある範囲職務給である可能性はあるが上限は大して高くないだろう。もし習熟昇給をこえた定昇があれば，それなりの励みにはなる。とくにベースアップが困難な近年の雇用状況からするとこの点は大きい。ただ，定期昇給のない正社員も少なくないから，この点は議論すべき点であろう。

(ハ) 賞与の有無も大きい。完全時給では賞与は仮にあっても微々たるものにならざるをえない。月給制になっても賞与があるとは限らない。そもそも欧米の労働者は大した額の賞与はない。

(ニ) 退職金を考慮するかしないかという点がある。退職引当金を積み立てることに抵抗感のある企業は多いだろう。ただ，この点は思われるほど大した問題ではないようにおもわれる。雇用の安定性や定期昇給制の方がはるかに重要である。定年まで働けるのであり公的年金を受給できれば何ら問題ないし，途中で雇用関係を終了するときについては，失業保険給付をふくむ労働移動に伴う生活リスクを緩和する社会的インフラ整備がむしろ重要である。

もっとも批判の多いのは，後者の水準格差かもしれない。これについても，社会的相場認識の合意形成をおこなう努力をすべきである。非正社員にとって

---

17) 議論はパートタイマーに限定されていないので，社会保険料については論じない。

は，組合の支援がない場合と比して少しでも格差改善されれば，それは彼らにとってプラスであり，職場の同僚としての意識を強めるであろう。

Ⅳ　お わ り に

　本稿では，企業別組合とその組合活動に焦点をあて，企業別組合の機能，組合が抱える問題点としての均等・均衡処遇について論じた。多くの欧米の労働組合は，高学歴化にうまく対応できたとはいえない。その点ではメリットがある。しかし，企業別組合は，正社員と非正社員の処遇格差への対処については迷いが見られる。この問題に正面から取り組む気概を組合には期待したい。

（ひさもと　のりお）

コミュニティ・ユニオンと労働組合法理

名 古 道 功

(金沢大学)

I　はじめに

　2000年前後からコミュニティ・ユニオンが注目されている。その主な要因として以下の三点が挙げられる。第一に，企業別組合では組織対象外とされてきた管理職，非正規労働者，外国人労働者などを組織している。第二に，こうした労働者の個別紛争の相談に熱心に取り組み，団交を通じた自主解決において成果を上げている。第三に，非正規労働者などの権利保障という社会的課題に積極的に取り組み，情報発信を行っている。総じていうならば，企業別組合の活動が低迷しているがゆえにコミュニティ・ユニオンの存在及び活動が注目されているといっていいかもしれない。

　コミュニティ・ユニオンの調査研究は，社会政策学や社会学などにおいて行われ，研究の蓄積が見られるが[1]，労働法の観点からの調査研究はほとんど存しない[2]。このため，本報告は，コミュニティ・ユニオンという地域を基盤とする組合に対するヒアリング調査などを踏まえて，その実情を明らかにしたうえで，ここで提起される理論的問題の検討を目的にする。

　2011年8月にヒアリング調査を実施したのは6組合である[3]。また，コミュニ

---

1) 代表的な文献として，呉学殊『労使関係のフロンティア　労働組合の羅針盤』(JILPT, 2011年) (第4部) が挙げられる。
2) 浜村彰「合同労組からコミュニティ・ユニオンへ」浜村＝長峰編著『組合機能の多様化と可能性』(法政大学出版会, 2003年) 17頁以下。
3) ①コミュニティ・ユニオン全国ネットワーク (岡本哲文事務局長)，②東京管理職ユニオン (設楽清嗣委員長，鈴木剛書記長)，③首都圏青年ユニオン (河添誠書記長)，④下町ユニオン (岡本哲文書記長)，⑤地域労組おおさか (平佳子書記長，中嶌聡書記次長)，⑥神戸ワーカーズユニオン (黒崎隆雄副委員長)。

ティ・ユニオンを研究されている呉学殊 JILPT 主任研究員へのインタビューも行った。さらに中労委事務局（西野幸雄・第一部会担当審査総括室長，四ッ倉吉昭・第一部会担当審査総括官）から貴重な情報提供を受けた。この場を借りて御礼申し上げる。

II コミュニティ・ユニオンの実情

1 コミュニティ・ユニオンとは

本稿では，コミュニティ・ユニオンを，個人加盟を原則とし，職種・産業を問わず企業の枠を超えて一定の地域単位に組織された労働組合と定義しておく。ただし企業に支部を設けているが，地域の組合が活動の中心である場合も含む。

こうした組合として想起されるのは合同労組であり，1960年前後に労働法研究者の注目を集めた[4]。他方，コミュニティ・ユニオンが結成され始めるのは1980年代末からであり，1990年に「コミュニティ・ユニオン全国ネットワーク」が作られた[5]。特に1990年代後半以降活動が活発化するが，この理由は，個別紛争の急増と相談活動の活発化のためであり，「駆け込み訴え」が増えている。

コミュニティ・ユニオンは，①地区労を母体として結成された地区労型，②元々全国一般として活動していた組織から生まれた全国一般型，③女性運動などに取り組む中で労働組合の必要性が認められて結成された市民運動型に分けられる[6]。

コミュニティ・ユニオンが合同労組と違う点は，①合同労組が中小零細企業の未組織労働者の組織化を目的に結成されたのに対し，コミュニティ・ユニオンは中小零細に限らず，未組織の多様な労働者，特に非正規労働者などこれまで組織の対象外に置かれていた労働者を対象にしている，②活発化したのは解

4） 沼田稲次郎編『合同労組の研究』（労働法学研究所，1963年）参照。
5） コミュニティ・ユニオンの形成と発展に関しては，「ユニオン運動の形成と現状」法政大学社会問題研究所編『日本労働年鑑』80巻（2010年）39頁以下参照。
6） 黒崎隆雄氏（神戸ワーカーズユニオン副委員長）による分類である（呉学殊「合同労組の現状と存在意義」日本労働研究雑誌604号（2010年）49頁参照）。

雇などされた労働者の駆け込み訴え（個別紛争）解決のためであり，少数組合にも団交権を保障する制度が運動を担保している，③個人加盟を原則にしている点である。

2　コミュニティ・ユニオンの特徴——企業別組合と比較して

コミュニティ・ユニオンといっても，それぞれ独自性を有しており，一般的な特徴を指摘するのは困難であるが，ヒアリング調査に基づき，特に企業別組合と比較して特徴的な点を指摘しておこう。

(1)　組織形態

コミュニティ・ユニオンと称されている地域を基盤とする組合は，個人加盟型，企業支部型（支部自体が独立した労働組合としての資格を有している）そして混合型の3つに大別される。本稿の調査対象は，個人加盟を原則にしているコミュニティ・ユニオンであるが，たとえば札幌地域労組は，他の企業支部と並んで個人加盟を一つの支部との扱いをしている[7]。東京ユニオンは，直接の個人加盟のほか企業支部を40有しており，混合型といえる。

(2)　組織対象

青年（首都圏青年ユニオン），管理職（管理職組合），女性（女性ユニオン）などを原則にする特徴的な組合が存する一方，外国人も含めて多様な層を対象にする組合がある（下町ユニオン）。すべてのユニオンで匿名組合員が存した。

(3)　組織原則

自主性と主体性を基調にしている点に特徴がみられる。具体的には，駆け込み訴えについては本人が申し入れ文書を作成する（首都圏青年ユニオン），問題解決の主体はあくまでも当事者本人である（東京管理職ユニオン）とされる。

(4)　組合活動

企業別組合とは異なり，企業内組合活動は困難であるので，企業外でのビラ配布・街宣活動，会議等が中心となる。また異なった企業に所属するため，メールやインターネットが活用されている。このように，当該企業の従業員の

---

7)　呉学殊「集団的労使関係の再構築」Bisiness Labor Trend 2010年1月号17頁参照。

みならず，一般公衆（市民）にも情報が発信されるので，後述するように，損害賠償を請求されることがある。そのため，内容は念入りに検討され，また街宣活動もトラブルが発生しないよう慎重に行っているという（東京管理職ユニオン，下町ユニオン）。

(5) 団　　交

コミュニティ・ユニオンの組織原則として自主性・主体性を重視する傾向があるので，組合が団交を「請け負う」ことを避ける傾向がみられる。コミュニティ・ユニオンは相談活動と紛争解決を重視しているだけに，団交は特に重要な意義を有する。

団交の方式は，本人のほか役員数名が参加するオーソドックスな組合が多いが，ユニークなのは首都圏青年ユニオンである。団交日程が決まると，組合員にメールで知らせて参加者を募る。このため，10名以上が参加する場合が多い。そして団交を通じてユニオンの存在意義を確認し，また団交が組合員としての自覚と活動・学びの場となっており，これが団結の維持強化との機能を果たしている[8]。

参加者数は，使用者に事前に通知される。多人数であることを理由として団交開始にあたり争いが生じることがあるが，組合は，入り口でもめることは得策でないので譲歩するという（東京管理職ユニオン，首都圏青年ユニオン）。団交では，使用者と対等に話し合うことになるので，ユニオンへの信頼感が増し，また労働者としての誇りを取り戻す場とされる。さらに，駆け込み訴えの原因となっている労働法規違反を指摘するなど人事担当者にコンプライアンスの重要性を認識させる機能も有しているとされる（東京管理職ユニオン）。

(6) 活動領域

今回の調査対象ユニオンでは個別紛争の相談・解決が中心であり，団交が重要な意義を有しているが，共済を重視する組合も存する。また非正規労働者や外国人労働者などが組合員であるため，特に社会的課題（例，非正規労働者の権利保障）に関連した活動をしている点にも特徴がある。そして，これを通じて

---

[8] 橋口昌治『若者の労働運動』（生活書院，2011年）132頁は，首都圏青年ユニオンを「組合員参加型」と指摘する。

ユニオンの存在意義が発信されている。

なお，日本では企業別協約が通常であるので，これまで地域単位の一般的拘束力（労組法18条）の事例はわずかであったが，「地域労組おおさか」は，地域及び職種を限定して拡張適用できないかを検討している。

（7）組合員の定着率

企業別組合に比べて加入脱退は頻繁であり，定着率は低い。

（8）課題

重要な課題は財政と人材であり，専従体制の維持などに困難を抱えている組合が多い。個別紛争の相談・解決という公的な活動をしている点から，国等による支援を求めるユニオンも存する（首都圏青年ユニオン）。

III　理論的問題の検討

コミュニティ・ユニオンをめぐってはさまざまな理論的問題があり得るが，本稿では，調査内容を踏まえて現実に生じている問題を中心に取り上げる。

1　コミュニティ・ユニオンと労組法上の労働組合

共済活動やNPO的活動を重視しているコミュニティ・ユニオンが存在するとしても，これが憲法上の労働組合，また自主性と民主性の要件をみたす労組上の労働組合であることに異論はないであろう。ただし，自主性と民主性の要件に関して，実情に合わない内容がある。たとえば，東京管理職ユニオンは「雇われ社長」から相談があり，組合に加入させたことがあり，形式的には自主性に抵触することになる。また民主性の要件については，実際上の扱い如何にかかわらず規約に形式的に規定されておれば問題ないとされるが，たとえば職業資格を有する会計監査人＝公認会計士による会計報告は，コミュニティ・

---

9) 詳細は，古川景一＝川口美貴『労働協約と地域的拡張適用——UIゼンセン同盟の実践と理論的考察』（信山社，2011年）74頁以下参照。
10) 呉・前掲注6) 論文63頁参照。
11) 先行研究としては，道幸哲也「合同労組の提起する法的課題」日本労働研究雑誌604号（2010年）75頁以下がある。本稿の負うところが大きい。

ユニオンや中小の組合では財政面で困難であり、現実には組合員から選ばれた会計監査人によって行われている。こうした規定を含めて自主性・民主性関連諸規定の見直しが必要である。[13]

2 コミュニティ・ユニオンと団交

コミュニティ・ユニオンは相談活動と個別紛争解決を重視しているだけに、団交は特に重要な意義を有し、これによる紛争の解決率は高い。急増する個別紛争の「駆け込み訴え」に対応する「武器」といっていい。以下、団交にかかわる法的問題を考察する。

(1) 団交の形態

コミュニティ・ユニオンと使用者との団交形態は、①コミュニティ・ユニオンが主体となり、当該企業の組合員以外も参加する形態、②企業支部(分会)とコミュニティ・ユニオンが共同で行う形態、③企業支部(分会)が主体となり、コミュニティ・ユニオンの役員が参加する形態が考えられる。今回の調査では、個人加盟を原則とするコミュニティ・ユニオンであったので、①がほとんどであった。①は対角線交渉に類似する形態である。対角線交渉を、産業別連合体(上部団体)と個別企業との交渉と定義すると、個人加盟を原則とするコミュニティ・ユニオンはこれには該当しないが、企業の枠を超えた組合と個別企業との点では共通する。交渉主体は労働組合が自主的に決定し得る以上、「大衆交渉」などにならない限り、法的に問題がないのは明白であろう。

(2) 労働条件基準の設定と個別労働条件

労働組合の本来的目的は労働条件の維持改善及び経済的地位の向上であり、このため争議行為をバックにして団交を行い、合意に達した事項を労働協約として締結する。ここでは集団的な労働条件規制が前提とされている。他方、企業別組合は従業員代表的機能を有しており、また団交のほかに労使協議が行われ、さらに労働協約において人事協議・同意条項を定めることが少なくない。

---

12) 厚生労働省労政担当参事官室編『五訂新版 労働組合法・労働関係調整法』(労務行政、2006年)340頁。
13) 道幸哲也『労働組合の変貌と労使関係法』(信山社、2010年)17頁以下参照。

たしかに組合員の解雇などへの取り組みは労働組合の目的に属する事柄であるが，従来，個別労働条件が義務的団交事項に該当すると一般的に考えられてきたのは，こうした企業別組合の実情も影響していよう。

コミュニティ・ユニオンは，解雇，サービス残業，配転などの個別労働条件を中心に団交を行っている点において特徴が見出される。このため，本来個別紛争解決制度を用いるべき対象を団交という集団的制度によって解決しているとの批判がなされ得る。また使用者にとっては，これまで全く関係がなかった組合から突然団交が求められるので，違和感があると思われる。しかし，こうした事情があるとしても，コミュニティ・ユニオンによる個別労働条件の団交の正当性を否定する理由はないであろう。たしかに形式的には個別解決であるが，実際には職場全体の労働条件改善に寄与し，この点では集団的労働条件との側面を有する場合がある点には留意を要する。たとえば，サービス残業代の未払いや雇用保険・社会保険未加入の解決は，他の従業員にも影響することになる（首都圏青年ユニオン，東京管理職ユニオン）。

団交において合意に達すれば，通常，和解協定が締結される。これは，解決内容を確認して事後の紛争を防止するためであり，使用者の意向にも合致する。解雇撤回や和解金の支払などが協定された場合，その法的効力は代理構成によるのが妥当と考えられる。ただし，これに関連して一定の基準が設定された場合には，規範的効力などそれぞれにふさわしい法的効力が肯定されよう。

(3) コミュニティ・ユニオンと複数組合主義

従業員の多数を組織する組合が存在し労使関係が安定している企業において，従業員が加盟したコミュニティ・ユニオンから団交を求められると「企業内平和」を脅かされかねないと受け止められがちである。労働組合の本来の機能を労働条件基準の設定と捉えると，少数組合にはこれは期待しえず，むしろ使用者に多大な負担をかけかねない。また解雇のケースが典型的なように，労使関係の継続性を期待しえず，将来の労使関係の構築にはほとんど寄与しない。こ

---

14) 解雇後の駆け込み訴えに関しては，三菱電機事件・東京地判昭63・12・22判時1309号142頁，日本鋼管事件・最三小判昭63・7・15労判484号21頁参照。
15) 秋保温泉事件・仙台地判平15・6・19労判854号19頁参照。

シンポジウム（報告③）

れらの点から，ニュアンスに差はあるが，「企業内における集団的労働条件決定過程[16]」に着目して団交における過半数組合[17]ないし多数組合[18]重視の考えが提唱されている。こうした立場は，排他的交渉代表制は憲法28条に反せず，これが「立法政策的には合理的かつ望ましい方向[19]」であるとの考えに結びつくことになる。

たしかに，円滑な企業内労使関係秩序を重視するならば，コミュニティ・ユニオンのような企業内の秩序を形成するのにふさわしくない少数組合は望ましい存在ではないであろう。しかし，上記の通り，団交を通じた紛争解決＝労働者の権利利益の適切な実現をはじめとして団交は多様な機能・目的を果たしており，コミュニティ・ユニオンなどの少数組合にとって団交権は団結力の源泉であり，これが否定されるとその存続自体危ぶまれるのであり，団交権と団結権とは密接不離な関係にある。

排他的交渉代表制が導入されているアメリカとの違いは，憲法上労働三権が保障されていることであり，その意義をまず確認しておきたい。そして憲法上の団交権保障目的の一つは，団結承認である。組合の団結権を実効あらしめるためには，労働条件の維持改善のための団交権は不可欠な権利であり，このため団交拒否が不当労働行為として禁止されているといえる。また憲法28条の団交権の第一次の権利主体は「勤労者」であり，自らが参加する集団を通じて自らの労働条件決定に直接関わることまで保障することによってこれが実効的に行使されると考えると，少数組合といえども憲法28条の団交権，そして団結権の保障を否定することは許されない。さらに団交に関連した団体行動にも困難が生じるのであり，結局，労働三権の意義が没却されかねないであろう[20]。

---

16) 國武輝久「組合併存状態と不当労働行為」『利益代表システムと団結権（21世紀の労働法 第8巻）』（有斐閣，2000年）241頁。
17) 小嶌典明「労使関係法と見直しの方向」日本労働法学会誌96号（2000年）123頁以下。
18) 道幸・前掲注13)書37頁。
19) 國武・前掲注16)論文241頁。
20) 排他的交渉代表制の憲法28条適合性及び公正代表義務を詳細に検討するものとして，西谷敏「日本における団体交渉権の性格と交渉代表制」，根本到「日本における『公正代表義務』論」労働法律旬報1727号（2010年）38頁・46頁以下参照。

(4) 二重加入と団交

(a) 問題状況　労働組合の二重加入に関しては実例がほとんどないため，島田陽一会員の論文[21]を除き，これまでほとんど研究の対象とはされてこなかった。たしかに，所属組合の対応に不満な場合，脱退して他の労働組合に加入するのが一般的である。しかし，今回の調査では，加入する企業内組合の対応に納得しない組合員がコミュニティ・ユニオンに駆け込むケースが見られた。具体的には，ユニオン・ショップ協定を締結している労働組合は，パートタイマーの時給の引上げなどには一応取り組んでいるが，労災，パワ・ハラへは対応しないので，コミュニティ・ユニオンに駆け込む例である。特に外食産業などパートやアルバイトが多い職場では，正規従業員のみでは過半数組合にならないので，ユニオン・ショップ協定を締結してパートなどを加入させることがあるが，トラブルが発生しても組合は対応しないので，駆け込むケースが存在する。

二重加入をめぐる理論的問題としては，当該組合員に対する統制処分及び重複交渉を理由とする団交拒否が考えられる。前者は，すでに島田会員が学会で報告され，筆者は基本的にこれに異論はなく，また今回の調査では実例は見られなかったので，後者を検討する。

(b) 重複交渉による団交拒否の正当性　団交拒否事例の判例として，中労委（鴻池運輸）事件（東京地判平16・3・4労判874号89頁）があるほか，労働委員会命令が複数存する[22]。中労委（鴻池運輸）事件は，労災を被った組合員が，退院直後からの強い復職勧告等に対応するために，所属する組合ではなく地域の組合に駆け込み団交を求めたケースであり，兵庫地労委（平12・2・22）及び中労委（平14・10・23）とも団交を命じた。

東京地裁は，「二重在籍を生じた場合，各労働組合はそれぞれ独自の立場でその労働者を代表して使用者と団体交渉をする権利を有するのであり，ただ，

---

21)　島田陽一「組合加入をめぐる法律問題」日本労働法学会誌69号（1987年）83頁以下，同「労働者の二重組合在籍・活動についての覚書」小樽商大『商学討究』37巻1・2・3号（1987年）399頁以下。
22)　管理職ユニオン・関西事件・大阪地労委命令平16・12・24，X1労働組合支部事件・大阪地労委命令平21・2・10（中労委データベースによる）。

使用者は、二重交渉のおそれがある場合に組合間の調整・統一がなされるまでこれを拒否することができ、その限度で各労働組合の団体交渉権が制限されることとなる」ところ、本件ではそのおそれはないと判示した（高裁〈平16・9・15〉及び最高裁〈最三小判平17・5・13〉も同旨〈中労委データベースによる〉）。この結論に異論はないが、判示内容について3点コメントしておきたい。

第一に、「労働者が複数の異なる労働組合に加入すること自体は何ら法的に禁じられておらず、二重在籍を容認するかどうかは各労働組合の自主的判断に委ねられる」と判示する。この内容は、労働組合が組合規約等によって二重在籍（加入）を禁止できると理解できるが、労働組合を結成する権利や加入する権利は、憲法28条で保障された労働者個人の団結権に基づく。加入する権利は一つの組合にしか行使し得ないとする積極的理由はなく、現在加入している労働組合の統制を乱さない限り[23]、二重に加入権を行使し得ると考えられる。たしかに組合員は脱退の自由を有しており、二重加入を認める必要はないともいえるが、①法的効力は無効であるとしても、ユニオン・ショップ協定に基づく除名・解雇を回避できる、②企業内組合の共済などを受けられる、③情報が得られやすいなどの種々のメリットが存する。他方、労働組合は統制権という強い権限を有しており、統制を乱す場合には除名処分等による対応が可能である点を考慮すると、組合員の個人の団結権を重視するのが妥当である。したがって、組合規約において二重加入を一般的に禁止することは許されないと考える。

第二に、「二重交渉のおそれ」があるとは具体的になにを意味するのか。労働条件を基本的ないし集団的労働条件と個別的労働条件に大別して考えてみたい。通常、従前から団交対象にされてきた集団的な労働条件交渉は、「二重交渉のおそれ」があるといえる[24]。他方、本件のように、組合員個人に関わって生じた個別的労働条件については、二面性を有する点に留意する必要がある。すなわち、当該労働者の解雇やすでに発生したサービス残業手当請求権などのよ

---

23) たとえば、運動方針が異なり対立している、企業内の別組合への加入である。その理由は、団結をかく乱させる可能性が大きく、また同一労働条件での交渉において二重交渉の可能性が生じ、使用者から団交拒否されかねないためである。

24) なお、パートタイマーやアルバイトの時給などが過去の団交において全く取り上げられてこなかった場合には、該当しないと思われる。

うに，個人の権利に関わる事項と，他者へ影響を及ぼす解決方法（全労働者へ
の支払）や基準設定など他の労働者の労働条件にも影響を及ぼし，集団的性格
を有する側面である。後者を団交対象にするならば，「二重交渉のおそれ」も
あり得るが，前者にはその「おそれ」はない。というのは，こうした個人的性
格を有する労働条件の処分権限は労働者に留保されており，いずれの組合の団
交を通じた解決を求めるかは組合員個人に委ねられていると考えられるからで
ある。

　第三に，所属する組合が一応交渉してやむなしとの合意に達したが，これに
納得しない労働者が別組合に駆け込み交渉を求めた場合，使用者は重複交渉を
理由に拒否できるか。たしかに誠実交渉義務を尽くしたとの事情があれば，正
当と考えられるが，まだ交渉の余地がある場合には拒否できず，交渉の程度に
おいて従来の交渉の内容などが考慮される[25]。

3　コミュニティ・ユニオンと街宣活動

(1)　街宣活動の機能

　日本では企業別組合が大半であり，──内部告発や企業内での力関係から外
部への宣伝活動を行うことがあったが[26]──企業内での組合活動が通常であるた
め，従来，組合活動の正当性の議論は，会社内や就業時間中のそれが中心であ
り，企業秩序，施設管理権，業務命令権などとの関係で論じられてきた。これ
に対して，コミュニティ・ユニオンの大半は企業内での活動は困難であり，地
域でのビラ配布やマイクを使用する宣伝などの街宣活動が中心となる。またス
トなどの争議行為の実行もほとんどありえず，それだけ圧力行動との側面を有
する街宣活動はコミュニティ・ユニオンにとって不可欠な団体行動といえる。

(2)　考察の視角

　組合活動権が団結権ないし団体行動権のいずれに含まれるかには見解が対立

---

25)　道幸・前掲注11)論文79頁以下参照。
26)　山陽新聞社（本訴）事件・岡山地判昭45・5・10労判108号19頁，日本計算器事件・京都
　　地峰山支判昭46・3・10労判123号6頁，杉本石油ガス事件・東京地判平14・10・18労判837
　　号11頁。

するが，憲法28条で保障され，正当である限り，民事・刑事免責との法的効果が生じることには争いがない。また受忍義務説と違法性阻却説が主張されているが，いずれも正当性判断が行われる点において実質的な差異は生じない。

　まず企業内で行われるビラ配布などと比べた街宣活動の特徴を指摘しておこう。第一に，街宣活動の対象は従業員に限らず，一般公衆である。第二に，参加組合員は当該企業の組合員以外が大半である。第三に，場所は，企業周辺に限らず，近隣の駅周辺，取引先，さらに役員宅など多様である。第四に，街宣車などを利用することがあり，広範な宣伝となる。街宣活動ではないが，従来と異なる手段としてインターネットを利用するケースが増えている。

　これらの事情に鑑みると，街宣活動の正当性は，第一に，特に表現（言論）の自由との関係を重視する必要がある[27]。また，街宣活動も憲法28条で保障された組合活動の一環であるので，こうした二重構造の中でその正当性を評価しなければならない。第二に，――第一の点と関連するが――企業内にとどまらず一般公衆に広く知らされることになるので，会社や役員等の名誉・信用・プライバシー，私生活の平穏，さらに営業権との調整が必要になる。

　街宣活動に関わる主たる法的問題（民事事件に限定する）としては以下が考えられる。①労働組合ないし組合員に対する損害賠償請求，②差止請求，③参加組合員の懲戒処分，④街宣活動を理由とした団交拒否の正当性[28]。これらは，不法行為責任，民事保全，信用保持義務，不当労働行為等と関わっており，それぞれ異なって論じる必要があるが，ここでは判例が多数を占める不法行為及び差止めを素材に街宣活動の正当性を論じることにする。

---

27) なお，大和田敢太「労働組合法と情報化――サイバーレイバーローの可能性」彦根論叢375号（2008年）23頁以下は，特にインターネットを利用した情報発信は組合の活動スタイルを多様化させ，表現の自由が重要になると指摘する。
28) 使用者が街宣活動の中止の約束と謝罪を最優先の議題とし，それを団交に応じる前提問題にしたことが誠実交渉義務違反になるかにつき，伊丹産業事件（東京地判平20・6・23）とブックローン事件（東京地判平19・9・19）は，①行為の態様（自宅周辺での多数回にわたる，大音量での街宣活動等）や②虚偽情報・個人攻撃の内容などを考慮して違反しないと判断したのに対し，ファビルス事件（福岡地労委命令平22・1・22）は，本社前での街宣活動につき，①従前からの本社前で行っていたものと大差ない，②警察署長から道路使用許可を受け，当日も警察から注意を受けなかった，③社会的に相当と認められる範囲を逸脱していない以上，団交拒否は許されないと判断した（いずれも中労委データベースによる）。

(3) 街宣活動の正当性

　(a) 判断枠組み　民法709条の要件は，①権利・法益侵害，②故意・過失，③損害の発生，④因果関係である。街宣活動の正当性は，①が中心的な争点になる。

　街宣活動による会社や役員等の被侵害権利・法益は，名誉・信用，プライバシー等の人格権や営業権などである。憲法上組合活動権が保障されているので，その保護範囲は広い。すなわち，「労働組合として団結権，団体交渉権が法的権利として保障されていることが認められ，その目的とする組合員の労働条件の維持，改善を図るために必要かつ相当な行為は，正当な活動として，不法行為に該当する場合でも，その違法性を阻却する」とされる[29]。具体的には，真実性及び行為の態様等の2つの観点から判断される。すなわち，前者については，「労働組合の組合活動としての表現行為，宣伝行動によって使用者の名誉や信用が毀損された場合であっても，当該表現行為，宣伝行動において摘示されたり，その前提とされた事実が真実であると証明された場合はもとより，真実と信じるについて相当の理由」があり，かつ「労働組合の活動として公共性を失わない」[30]か，後者では，「当該表現行為，宣伝行動の必要性，相当性，動機，態様，影響など一切の事情を考慮し，その結果，当該表現行為，宣伝活動が正当な労働組合活動として社会通念上許容された範囲内のものである」かである。

　(b) 留意点　(イ)　両者の関係はどのように考えるべきか。真実性が肯定されても，次に述べる役員宅周辺での街宣活動などやり方次第では，営業権やプライバシー権などの権利・法益侵害として違法とされる一方で，たとえ真実性が否定されても，会社に非難されるべき事情（例．悪質な不当労働行為）があ

---

29) スカイマーク事件・東京地判平19・3・16労判945号76頁。同旨，宮崎紙業事件・大阪地判平8・1・24労判691号43頁，銀行産業労働組合（エイアイジー・スター生命）事件・東京地判平17・3・28労判894号54頁等。

30) 刑法では名誉棄損罪に該当する場合でも，表現の自由の重要性に鑑みて，真実性の証明があれば免責される（230条の2第1項）。不法行為責任にも同様の法理が適用され（潮見佳男『不法行為法Ⅰ〔第2版〕』（信山社，2009年）178頁以下参照），①公共性を有する事実に関して，②公益目的をもってなされ，かつ③これが真実である，ないし真実であると信じるにつき相当な理由があれば，違法性が阻却される。通常，労働条件の維持改善を目的としておれば，①及び②の要件を充足する。

れば，行為の態様等の考察も加味して全体としては正当と判断される場合があると考えるべきである。

(ロ) 言論の自由よりも広い組合活動としての正当性判断にあたっては，真実性及び行為の態様等の両者おいて考慮されるべきである。まず前者では，証拠収集能力や情報力の劣る点を考慮する必要がある。後者では，対抗的関係にある労使関係の実情及び流動性が十分に勘案されるとともに，労使紛争全体の中で位置づけて検討する必要がある。やまばと会員光園事件（山口地下関支判平21・21・7労判1002号68頁）では，真実性に関して，①労働委員会における不当労働行為としての認定，②労使間での厳しい対立，③経営者の発言，態度等を勘案してやや度を超えたビラの表現も「真実と信ずるにつき相当の理由」があると判断した。

(ハ) そもそも会社や役員等の社会的評価が低下したのかどうかは，慎重に検討する必要がある。通常は「一般読者の普通の注意と読み方」を基準とするが[31]，労使関係では具体的な読者や読み方を想定して判断しなければならない。たとえば，医療法人直源会相模原南病院事件（東京高判平10・6・30労判747号57頁）では，ビラは職員のみならず周辺の駅頭の通行人にも配布されたが，「主観的な見解ないし，労働組合の立場から使用者側の言動をあげつらうような事実の記載があるにせよ，そのような部分については，労働紛争の渦中にある組合側が，自己の立場の正当性を訴えてその支持を求めるためにするものとして，これを必ずしも額面どおりではなく，多分に割り引いて認識し理解するような事柄と解されるものであって，本件ビラの配付を受けてこれを読む者の立場に立ってそれぞれを通読してみると……いずれも，使用者側の実質的代表者の立場にあるAの社会的評価を低下させるような印象を与えるものとまではいい難い」とされた[32]。この場合，その内容の真実性の如何に関わりなく，名誉棄損としての不法行為に該当しないことになる。

(ニ) 時期や場所も重要な判断要素になる。労働委員会での審査中ないし裁判中であるからといって団交拒否の正当事由にはならず，団交応諾を求める街宣

---

31) 多摩の上海事件・最二小判昭31・7・20民集10巻8号1059頁。
32) 同旨，塩釜交通労働組合事件・仙台地判平20・4・24労判962号90頁。

活動に問題はないが、解雇が裁判において確定すれば、雇用関係がなくなるので、積み残しの問題（例、残業代未払い）がない限り組合活動とは評価できず、不法行為法レベルでの評価になる[33]。また役員の私邸などでの街宣活動は、平穏に私生活を送るうえでのプライバシー権・人格権侵害に該当するので、特段の事情がない限り許されない[34]。

　(ホ)　取引先　　取引先に対する取引停止の申し入れなどの行為は、争議戦術としての二次的ボイコットとの区別が問題となり得るが、争議意思が客観的に明確でない限り、通常は組合活動と把握できる。西成合同労組（船場池田商店）事件（大阪高決平5・4・28労判633号50頁）は、労働組合の役員らが会社の取引先や銀行に対して、使用者の不当労働行為の是正指導及びこれに応じない場合の取引停止を求めたケースである。同判決が、これを「争議権の行使」と事実認定している点には疑問が残るが、①集団の威力の誇示、威迫などの実力行使を用いない限り、当該会社の意思決定の自由を阻害しない、②「正当な理由がなく取引停止を求めたり、或いは虚偽の内容を告げて取引停止を求めていない以上誠実義務に違反しない」との判断は正当である。労働組合が取引停止を求めたとしても、当該会社には停止するかどうか自由に判断でき、また使用者は取引先に対して反論が可能であり、対抗言論の理論が妥当するからである。

　(c)　差止請求　　違法な街宣活動であるとして、損害賠償とともに差止を請求されることがあり、通常訴訟と仮処分（民事保全法23条2項、仮の地位を定める仮処分）の両ケースが見られる。これが認められるには、名誉・信用、営業権や平穏に生活する権利などが重大に侵害され、かつ当該侵害行為が継続する蓋然性が相当高い場合である。申請が認められたケースでは、会社社長宅及びその近隣において街宣活動・ビラ配布が行われる[35]、また診察日にほぼ毎日実施される[36]など特殊なケースである。

---

33)　東京・中部地域労働者組合（街宣活動）事件・東京高判平17・6・29労判927号67頁。
34)　上記注33)東京・中部地域労働者組合（街宣活動）事件，上原学術研究所事件・大阪地判平11・2・17労判763号52頁等。
35)　前掲注33)東京・中部地域労働者組合（街宣活動）事件，真壁組事件・大阪地判平8・5・27労判699号64頁。
36)　全金労組港合同南労会支部事件・大阪地判平17・7・27労判902号93頁。

シンポジウム（報告③）

表1　各機関における個別労働紛争処理制度の運用状況

※労働審判の数値は，最高裁の資料を基に，中労委事務局が独自に集計したもの。

(1) 新規係属件数

（単位：件）

	労働委員会あっせん	都道府県の労政主管部局等あっせん	労働局あっせん	労働審判
18年度	300（対前年度）	1,243（対前年度）	6,924（対前年度）	1,163（対前年度）
19年度	375（ 25.0%）	1,144（△8.0%）	7,146（ 3.2%）	1,563（ 34.4%）
20年度	481（ 28.3%）	1,047（△8.5%）	8,457（ 18.3%）	2,417（ 54.6%）
21年度	503（ 4.6%）	1,085（ 3.6%）	7,821（△7.5%）	3,531（ 46.1%）
22年度	397（△21.1%）	919（△15.3%）	6,390（△18.3%）	3,313（△6.2%）

(注1)　あっせんを行う労働委員会は，15年度以降44労委。東京都，兵庫県，福岡県では，労委はあっせんを行っていない。
(注2)　労政主管部局等のあっせん件数は，労政主管部局であっせんを行っている6都府県（埼玉県，東京都，神奈川県，大阪府，福岡県，大分県）のあっせん件数の合計。

(2) 解決率

（単位：%）

	労働委員会あっせん	都道府県の労政主管部局等あっせん	労働局あっせん	労働審判
18年度	65.0	72.6	43.0	79.4
19年度	64.4	71.1	41.5	77.1
20年度	61.0	67.8	36.1	78.6
21年度	62.7	66.2	37.4	78.9
22年度	64.9	—	39.2	79.9

(注)　各解決率は中労委事務局において算定。算式は以下のとおり。
- 労働委員会あっせんは，取下及び不開始を除く終結件数に対する解決件数の比率。
- 労政主管部局等あっせんは，埼玉県，東京都，神奈川県，大阪府，福岡県の取下及び不開始を除く終結件数に対する解決件数の比率。
- 労働局あっせんは，取下を除く終結件数に対する合意成立件数の比率。
- 労働審判は，終了，取下及び却下等を除く既済件数に対する調停成立の件数の比率。

(3) 処理期間

（単位：%）

	労働委員会あっせん			都道府県の労政主管部局等あっせん			労働局あっせん			労働審判		
	1ヵ月以内	1ヵ月超2ヵ月以内	2ヵ月超	29日以内	29日超49日以内	49日超	1ヵ月以内	1ヵ月超2ヵ月以内	2ヵ月超	1ヵ月以内	1ヵ月超2ヵ月以内	2ヵ月超
18年度	65.6	28.0	6.4	70.3	13.4	16.3	63.7	30.5	5.8	5.2	30.6	64.2
19年度	68.2	27.9	3.9	65.7	13.7	20.6	57.9	34.3	7.8	3.8	29.8	66.4
20年度	59.5	28.8	11.7	70.0	14.8	15.2	54.1	38.1	7.8	3.8	31.9	64.3
21年度	46.9	38.8	14.3	67.3	15.7	17.0	53.0	37.5	9.5	3.9	33.8	62.3
22年度	47.1	40.3	12.6	64.5	11.4	24.1	56.9	36.7	6.4	3.7	37.3	59.0

(注1)　労働委員会のあっせん処理日数は「申請書受付日～終結日」で計算。
(注2)　労政主管部局等あっせん処理期間は東京都のもののみについて「あっせん当事者からの連絡日～確認書の了解日」で計算。
(注3)　労働局のあっせん処理日数は「申請書受理日～終結日」で計算。
(注4)　労働審判の審理期間は「申立日～終局日」で計算。労働審判の2ヵ月超59.0%のうち，2ヵ月超3ヵ月以内35.6%，3ヵ月超6ヵ月以内22.9%，6ヵ月超1年以内0.5%。

（資料出所）　(1)(2)(3)ともに，厚生労働省HP

表2　労働委員会・調整事件（集団的労使紛争）における合同労組事件・駆込み訴え事件の推移（特定独立行政法人等除く）

（単位：件）

年	全事件	合同労組事件*	駆込み事件**	全事件での解決率
18年	518	305（58.9％）	131〈43.0％〉	62.60％
19年	468	305（65.2％）	143〈46.9％〉	59.50％
20年	546	375（68.7％）	181〈48.3％〉	59.30％
21年	730	487（66.7％）	269〈55.2％〉	59.10％
22年	563	393（69.8％）	207〈52.7％〉	58.80％

（注）1.（　）内は全事件に対する割合。
　　　　〈　〉内は合同労組事件に対する割合。
　　　2.　全事件での解決率は，「特定独立行政法人等」を含めた数値。
　　＊合同労組とは，地域単位で企業の枠を超えて労働を組織する労働組合をいい，主に中小企業の労働者が個人加盟しているのが特徴。具体的には「合同労組」，「一般労組」，「地域ユニオン」などと呼ばれているものである。
　　＊＊「駆込み訴え事件」とは，労働者が解雇等された後に合同労組に加入し，当該組合が当該解雇等についてあっせんの申請等を行う事件を指す。
（資料出所）　中央労働委員会「平成22年・全国の労使紛争取扱件数まとめ」表1・3から作成

4　紛争予防・解決機能

(1)　紛争解決制度での位置付け

　労働委員会，都道府県労政主管部局等，労働局，そして労働審判での個別紛争の新規係属件数は**表1**の通りである。また労働委員会での調整事件（あっせん，調停，仲裁）での駆け込み訴え件数は207件（平成22年）（**表2**参照），さらに労働関係民事通常訴訟事件での労働者側原告事件数は2,856件，仮処分事件数は560件となっている（平成22年[37]）。他方，コミュニティ・ユニオンなどの地域組合の団交件数は不明であるが，組合数を約250，1組合の団交件数を年間22.4件との調査結果を参考にすると[38]，年間相当な数の個別紛争が扱われており，紛争解決制度における比重は軽くない。

---

37)　法曹時報63巻8号（2011年）1841・1844頁参照。和解率は，通常訴訟：56.1％，仮処分：44.6％である。
38)　労働政策研究・研修機構によるモニター調査（呉主任研究員担当）は，①コミュニティ・ユニオン，②連合の地域ユニオン，③全労連のローカルユニオン，④全労協の全国一般を対象に実施され（2009年1月～2010年3月），合計171組合から回答が寄せられた。本文の数値は，呉・前掲注6)論文52頁以下による。

(2) 解決率

団交による自主的解決率は，67.9％と高い数値を示す。労働委員会などを利用して最終的に解決するのは約90％であり[39]，コミュニティ・ユニオンに持ち込まれると，——本人や組合の満足度は異なるが——ほとんど解決されている点は特筆すべきであろう。この大きな要因としては，会社側の労働法規違反が原因であり，比較的単純な事件が大多数なためである。また，労働組合側に交渉力・技術が高いベテランが存在する点も挙げられる。

(3) 紛争の防止

まず経営者や人事担当者などが労働法の知識を有することが必要になる。基本的な知識を欠如している管理職が少なくない。次に，駆け込み訴えの大多数は中小零細企業の労働者から持ち込まれる。ここでは企業内労働組合の組織率が低いため，労使コミュニケーションはあまりなされず，「職場ではいいたいことがいえない」とされる（首都圏青年ユニオン）。従業員代表制も含めて，組合の存在しない企業において従業員の声を反映させる制度の検討が必要である[40]。

(4) 課題

個別労働紛争が増加する中で，紛争処理システムが多様化し，それぞれに適合的な解決制度が整備されたことは評価しうるであろう[41]。これまで泣き寝入りしていた労働者も解決を求めやすくなったといえる。各機関でのあっせんの解決率は，労働局を除き高く，処理期間も短い（**表1参照**）。また労働審判以外では，通常本人による申請によるので，費用はほとんど要しない。しかし，真に実効性ある解決制度であるかは慎重に検討する必要がある。

労働局に持ち込まれる「民事上の個別労働紛争相談件数」は約25万件であり，相談者の大半（約20万件〈81.2％〉）は労働者である（平成22年度）。このうち助言・指導されたのは7,486件，またあっせんでの手続終了件数（6,416件）のうち合意成立は36.8％にすぎない[42]。労働者にとってアプローチしやすいのは，労働局

---

[39] 上記モニター調査（注38））による。呉・前掲注6）論文54頁。
[40] 久本憲夫「個別労働紛争における労働組合の役割」日本労働研究雑誌613号（2011年）16頁以下参照。
[41] 東京都労委の実情については，遠山信一郎「リーガルクリニック［個別労働紛争］」中央ロー・ジャーナル8巻3号（2011年）161頁以下参照。

管轄の個別労働紛争解決制度であるが，これらの数値だけ見ても必ずしも労働者にとって満足すべき状況でないことが伺われる。コミュニティ・ユニオンに駆け込む労働者は，多様な紛争解決制度に関する知識を有せず，周囲にサポート体制がない非正規労働者が多い。こうした点に鑑みると，紛争処理制度が整備されたとはいえ，改善すべき課題は依然として存在している。[43]

Ⅳ　おわりに

　コミュニティ・ユニオンは，労働組合全体の中で占める割合は小さく，集団的労働条件を規制するには力不足であることは明白である。しかし，雇用・労働の在り方が大きく変化し，既存の労働組合では対応できない，ないし対応しようとしないが，労働者にとって切実な問題を取り上げ，解決している点は高く評価できよう。またコミュニティ・ユニオンによる非正規労働者の組織化や多様な活動は，企業別組合に対して一定のインパクトを与えているといっていい。コミュニティ・ユニオンへの関心が高まるのは，企業別組合が十分に期待に応えていないためでもある。企業組織再編など労使関係を取り巻く変化に鑑みると，企業内活動中心では限界があり，企業の枠を超えた集団的労使関係の構築を図る必要がある。そうでないならば，将来性はないであろう。

　　　　　　　　　　　　　　　　　　　　　　　　　　（なこ　みちたか）

---

42)　厚生労働省「平成22年度個別労働紛争解決制度施行状況」参照。
43)　個別紛争解決制度全般に関する詳細な検討及び改革の展望に関しては，野田進『労働紛争解決ファイル』（労働開発研究会，2011年）参照。

集団的労働法における労働者像

皆 川 宏 之
（千葉大学）

I　はじめに

　昨今，企業における就業形態の多様化がいわれ，業務請負契約等の多様な契約形式を用いた労務供給の利用が進んでいることが実態調査等からも明らかとなってきている[1]。このような状況の下で，労働組合を組織し，使用者と団体交渉を行うことを通じて労働条件の維持改善，経済的地位の向上をはかる主体としての「労働者」をいかにとらえるかは，今後の労働組合法ないし集団的労働法のあり方を考える上で重要な課題の1つとなっている。

　そのことを象徴するかのように，近年，労組法上の労働者性が争われた事例が注目を集めてきた。具体的な契機は，個人自営業者が加入する労働組合からの団交申入れに対し，労働者ではないことを理由になされた団交拒否の不当労働行為該当性が争われた事例で，労働委員会と裁判所の判断が異なり，特に裁判所において労組法上の労働者性が否定される例が続いたことにあった[2]。

　2011年4月12日，最高裁は，オペラ歌手およびカスタマーエンジニア（CE）の労組法上の労働者性が争われた2つの事件において，労働者性を否定した原判決を破棄する判断を行った[3]。もっとも，いずれの判決も各事案における事例

1）　労働政策研究・研修機構『就業形態の多様化と社会労働政策』（労働政策研究報告書 No. 12，2004年），同『日本人の働き方総合調査結果――多様な働き方に関するデータ』（調査シリーズ No. 14, 2006年）など。

2）　国・中労委（新国立劇場運営財団）事件・東京地判平20・7・31労判967号5頁，同・東京高判平21・3・25労判981号13頁，国・中労委（ビクターサービスエンジニアリング）事件・東京地判平21・8・6労判986号5頁，同・東京高判平22・8・26労判1012号86頁，国・中労委（INAX メンテナンス）事件・東京高判平21・9・16労判989号12頁。

判断を示すにとどまったこともあり，それまでの先例も含め，労組法上の労働者性に関する判断基準をどのような理論的立場から理解するかについては，今後もなお検討されるべき課題が残されている。

　これまでにも，労組法上の労働者概念をめぐっては，労基法上の労働者概念との相違，労組法による保護を受けるべき労務供給者の範囲などを論点として多くの見解が示されてきた。「労働者」に関する議論は，条文上の文言解釈にとどまらず，労働法の意義・存在理由，経済社会における労働者の地位や労働運動の可能性といった根源的な問題にも通じ，また，現実の事件で問題となる労務供給形態や理論的に予想されうる事例も多岐にわたることから，多くの論者によってさまざまな見解が示され，そこに何らかの「正答」を見いだすことは容易ならざる状況にある。本稿は，労働法学上の今後の議論に若干でも寄与することを目的として，まずは法的概念としての「労働者」に包摂されてきた労務供給形態の像を，ドイツ法との比較も交えて整理し，現状における個人請負業の多様な展開から得られる示唆，および上記最高裁２判決の内容も踏まえながら，労組法上の労働者に含まれうる労務供給者のとらえ方について考察を試みるものである。

Ⅱ　労働法の適用対象者をめぐる問題

1　労働者像と労働者概念

　労働法の適用対象者の範囲をどのように解するかは，近代的な労働法制の成立期以来の課題である。労働法規範の多くが有する強行的性格から，その適用の有無は客観的な基準によって決せられることが求められ，労働法の適用範囲を画するために「労働者」や「労働契約」といった基礎概念が用いられてきた。

　法的な「労働者」概念が形成される基礎には，社会的な存在としての「労働者」像がある。近代的な労働法制が成立するにあたっては，工場制工業の発展とともに「労働者」階層が成立し，それらの人々の置かれた諸状況，とりわけ

---

3)　国・中労委（新国立劇場運営財団）事件・最三小判平23・4・12労判1026号6頁，国・中労委（INAXメンテナンス）事件・最三小判平23・4・12労判1026号27頁。

シンポジウム（報告④）

労働の態様，経済状況，生活状況の実像から，法的な保護の必要性が認識され，それに応じた法的概念としての「労働者」概念がつくりだされた。この点は集団的労働法の発展においても同様であり，社会的存在としての「労働者」が集団を組織し，ストライキ等の集団的行動を通じて自らの要求を実現しようとする運動が，労働組合や団体行動の法認を導いたのである。

このように，社会的に把握される労働者像を基に，その要保護性を根拠づける特性を抽出して法的概念としての「労働者」を形成するプロセスの一例を，ドイツにおける労働法発展の中にみることができる。そこでの議論は，戦後の日本における労働者概念論にとっても，基礎となる題材を提供することとなった[4]。

2　ドイツにおける労働者概念論の展開

夙に知られるように，ドイツでは，ワイマール共和政下で各種の労働立法が行われた時期に，労働法の適用対象者である「労働者」（Arbeitnehmer）を，私法上の契約に基づき従属労働（abhängige Arbeit）を行う者と解する立場が支配的となった[5]。こうした「労働者」概念の基礎となる像を提供したのは，まずは工場労働者（Fabrikarbeiter）であり，加えて，20世紀に入って増加した職員（Angestellte）である。

問題は，従属性の具体的なメルクマールであり，人的従属性，組織的従属性，経済的従属性といった諸々の特性の中で，いずれの要素を決定的とみるかによって，社会的に存在する諸種の労務供給者のどこまでを労働法制の適用対象者とするかが分かれることとなった。

結論として，戦後の西ドイツにも通ずる判例・通説の立場は労働者概念のメルクマールを「人的従属性」（persönliche Abhängigkeit）に求めることとなり[6]，

---

4)　津曲蔵之丞『労働法原理』（改造社，1932年），加藤新平「労働の従属性」法学論叢55巻5・6号（1948年）149頁以下などを参照。

5)　E. Melsbach, Deutsches Arbeitsrecht, 1923, S. 18ff.; E. Molitor, Wesen des Arbeitsvertrags, 1925, S. 73ff.; E. Jakobi, Grundlehren des Arbeitsrechts, 1927, S. 53ff.; Hueck/Nipperdey, Lehrbuch des Arbeitsrechts, Bd. I, 1927, S. 41ff. などの諸説による。

6)　MünchArbR/Richardi, §16 Arbeitnehmerbegriff, Rn. 17-19.

この概念は労働協約法や事業所組織法などの集団的労働法においても統一的に用いられている。人的従属性が従属労働の本質とされた理由は，近代的な企業において，労働者が使用者の命令に従い労働する義務を負うこと，すなわち，使用者に自らの労働力の処分権を与えることが，単なる債権法的関係を超えた権力的な服従関係を生じさせ，そのような状態に置かれた労働者の自由を回復・実現することに労働法の意義が求められたことにある[7]。一方，経済的従属性（wirtschaftliche Abhängigkeit）は，①労働者の無資力・無産者性，②契約締結にあたっての劣位，③使用者への経済的依存といった多義的な概念として用いられ，労働者に一般的にみられる特徴であると解された。しかし，人的従属性と経済的従属性のいずれを労働者概念の中核的要素とみるかが問われたとき，本質とされたのは前者であった[8]。すなわち，契約内容の決定における交渉上の劣位（ないし，そこから帰結する契約の附従性）は雇用労働以外の社会関係ないし法律関係にもみられるものであって，「労働者」の特質は，そのような交渉上の劣位を前提に，賃金を対価として労働力の処分権を使用者に委ね，その規律を受けて就労することを通じて自らの人格・身体の自由を喪失するところにあり，その点に特有の要保護性があると考えられたのである。

　裏を返せば，基本的に自らの労働力を処分・利用する自由を有する者の形成する法律関係は私的自治（契約自由）原則のもとに置かれるべきと評価され，労働者保護法や労働協約などによる規制を及ぼす必要がないと解されたことになる。ここでも，社会的な階層（中間層）を形成する自営業者ないし自由業の像があり，そこから抽出される特徴が「独立」した自営業者の法的概念の基礎をなした。具体的には，独立した代理商を「本質的に自由に，自らの活動を形成し，労働時間を決定しうる者」とするドイツ商法典上の定義にその表現がみられる[9]。

　一方，ドイツでは，個人で労務を提供しつつ，人的従属性が希薄であるもの

---

7) H. Sinzheimer, Das Wesen des Arbeitsrechts, 1927, in: ders., Arbeitsrecht und Rechtssoziologie, Gesammelte Aufsätze und Reden, Bd. I, 1976, S. 110ff.
8) 加藤・前掲注4）論文163頁以下など。
9) 1953年の改正により，ドイツ商法典84条1項2文に規定されている。

シンポジウム（報告④）

の，特定の相手方に多くの収入を依存するという意味での経済的従属性が認められる自営業者について，「労働者」とは別の「労働者類似の者」（arbeitnehmerähnliche Person）のカテゴリーを設け，労働法の規制を部分的に及ぼす方法がとられた。その像を提供したのは，家内工業従事者のほか，専属的代理商，新聞記者，オーケストラの構成員，俳優，オペラ歌手といった知的・芸術的能力を要する労務供給者であり[10]，そうした者の一部に典型的な労働者と類似する社会的な要保護性が認められ，労働法の規制を及ぼす必要が近代的労働法制の確立の前後から認識されていた。

労働者類似の者は，ワイマール期に労働裁判所の管轄とされ（1926年労働裁判所法など），戦後の1974年には労働協約法の適用対象に含められている[11]。また，近時の労働立法でも，労働者とともに法律の適用対象として明文で規定される例が増えている。

3　就業形態の多様化と労働者像

ドイツの例からも見て取ることができるように，労働者概念論の課題は，社会的に存在する多様な労務供給形態のうちから，どのような特徴のあるものに要保護性を認め，法的な労働者概念に包摂すべきか（あるいは，労働者類似の者といったカテゴリーを設けるか）という点にある。

日本でも，法的概念としての「労働者」について，これを労働の従属性の観点からとらえる立場が唱えられ，従属性を示す具体的な徴表として，人的従属性の要素[12]，ないしは人的従属性と経済的従属性の複合的要素[13]などが挙げられてきた。その上で，労働者性の有無が問題となってきたのは，典型的な雇用とは契約形式や就労の態様が異なる，「特殊」勤務者とも呼ばれた外勤労働者，嘱

10）　柳屋孝安『現代労働法と労働者概念』（信山社，2005年）6頁以下の研究を参照。
11）　労働協約法12a条によると，労働者類似の者の要件となる経済的従属性とは，請負契約等により自らで労務を給付する者が，①専ら1人の相手方のために就業する（時間的観点），もしくは，②全報酬の2分の1以上を1人の相手方から得る（収入的観点）場合に認められる。ErfK/Franzen, TVG §12a, Rn. 4.
12）　加藤・前掲注4）論文163頁など。
13）　片岡曻『団結と労働契約の研究』（有斐閣，1959年）218頁以下，同「映画俳優は『労働者』か」季労57号（1965年）156頁以下など。

託技術員,芸能員,大工・左官,家内労働者などのケースである。この問題は,かねてより旧中間層(家内労働者や個人自由業)の労働者化と,新中間層(知識労働者)の非労働者化が交錯する問題状況の法的反映ととらえられてきたが[14],現在ではさらに就業形態の多様化が進展し,「労働者化」・「非労働者化」の混交状況が深化している状況を見て取ることができる。

個人の業務請負などによる就業形態は,①外勤型(営業・販売・集金等),②専門知識・技術型(記者・編集者等,設計・デザイナー,コンサルタント,科学研究等),③特殊技能型(音楽家・芸能家,文筆家・ライター,ジャーナリスト,職業スポーツ従事者等),④現業請負型(建設・土木・測量技術等),⑤一定作業請負型(貨物運送,製品修理,事務作業等)など,多様な職種でみられる。労働政策研究・研修機構によって実施された,近年の個人請負業に関する実態調査を参照すると[15],特に目を引くのは,情報・通信サービス部門を中心に事務的作業の請負化が進んでいる点である。現代の企業では,事業の運営にあたって必要とされる労務の定型化や細分化が進み,規格化された労務を,雇用を通じた労働者ではなく個人自営業者による請負の形式で供給させることが可能となっており,その領域が広がっていることの1つの証左ともいえよう。同時にそのことは,形式的に労働法制の適用から外される労務供給の領域の拡大を意味している。

こうした問題への理論的な対応は,2つの次元で検討される必要がある。

第1に,労働法制を回避することを主眼とするような「見せかけ」の自営業者化への対応は,労働法による規制の実効性を確保する上で欠くべからざる課題であり,適用範囲の画定については契約上の形式ないし契約の上での権利義務のみを重視するのではなく,労務遂行の実態から客観的な基準に基づき判断を行う必要がある。

第2に,ドイツにおける労働者類似の者と通ずる問題が日本にも存在する。個人自営業者による業務請負は,典型的な労働者の就労と比較して労務供給の

---

14) 国武輝久「特殊雇用形態と労働者概念」日本労働法学会誌42号(1973年)100頁。
15) 2004年の「業務委託契約従事者の活用実態に関する調査」(調査結果および分析について,前掲注1)労働政策研究報告書 No.12),2005年の「日本人の働き方総合調査」(調査結果および分析について,前掲注1)調査シリーズ No.14)を参照した。

シンポジウム（報告④）

内容・時間・場所などに関する相手方からの拘束が相対的に希薄である場合も多いことから，労基法上の労働者性が肯定されにくい傾向がある。その一方で，そうした自営業者が特定の相手方に収入を依存するなど労働者と類似した特徴を持つ場合に，その保護のあり方が問題となり，「労働者」か否かの二分法による解決に限界があることがかねてより指摘されている。この点について，日本では，集団的労働法の中核をなす労組法上の「労働者」が「職業の種類を問わず，賃金，給料その他これに準ずる収入によって生活する者」（労組3条）と定義されていることを踏まえ，労基法上の労働者概念との相対的把握から，労基法では必ずしもカバーされない範囲の労務供給者が含まれうるものと解されてきた。そのため，上記のような自営業者をどの範囲まで労組法上の労働者に含めるべきかが問題となる。それは詰まるところ，集団的労働法による保護の趣旨を踏まえて「労働者」と解すべき者ということになろう。しかし，その際，日本では労働者類似の者のようなカテゴリーがないことも考慮すると，法解釈のあり方として，歴史的・体系的に解釈されてきた「労働者」概念との整合性をはかりつつ，社会的に生み出される新しい「労働者像」を包摂していく方向性が求められるといえる。

Ⅲ 労働法制における労働者概念

1 労働基準法上の「労働者」

労組法と労基法とで条文上の定義が異なる「労働者」概念の相互関係について，学説は，大別すると①労働の従属性をメルクマールとして両概念を統一的にとらえる見解と，②労組法上の労働者については，同法の趣旨ないし条文上の定義を踏まえ，労基法とは異なる独自の労働者概念を区別して用いるべきと

---

16) 島田陽一「雇用類似の労務供給契約と労働法に関する覚書」西村健一郎ほか編『新時代の労働契約法理論――下井隆史先生古稀記念――』（信山社，2003年）35頁など。
17) 橋本陽子「個人請負・委託就業者と労組法上の労働者概念」日本労働法学会誌118号（2011年）33頁。
18) 外尾健一『労働団体法』（筑摩書房，1975年）28頁以下，青木宗也「労働者・使用者概念と事業場」季労別冊『労働基準法』（総合労働研究所，1977年）28頁以下など。

する見解とに分かれていた[19]。しかし，必ずしも当初から両概念の異同が明確であったわけではない。

個別的労働法上の労働者概念については，特に，筆耕契約者に対する契約解除が解雇にあたるかどうかが争われた大塚印刷事件（東京地判昭48・2・6労判179号74頁）を先例として，契約形式のいかんを問わず，実質的に使用従属関係があるか否か，使用者の一般的な指揮監督の下に労務提供がなされたと評価しうるか否かを基準とする立場がとられるようになり，そのような考え方は，1985（昭和60）年の労働基準法研究会報告に基本的に受け継がれた[20]。重要な点は，「使用される」（労基9条）との要件をみたすかどうかをどのように判断するかであって，そこでは，労務供給の時刻，時間的な長さ，場所，種類，方法，態様等について，相手方からの一方的決定の有無ないし拘束性の有無・程度が総合的に考慮されることとなり，これらの判断要素は，基本的にドイツ法にいう人的従属性の要素と重なり合うものといえる[21]。

最高裁は，トラック持ち込み運転手について労基法上の労働者性が問題となった横浜南労基署長（旭紙業）事件（最一小判平8・11・28労判714号14頁）で，①運転手が請負契約に基づき従事していた運送業務につき，相手方による指示は原則として運送物品，運送先，納入時刻に限られ，業務の遂行に関する特段の指揮監督を行っていたとはいえないこと，②当該運転手に対する時間的，場所的な拘束の程度が，一般の従業員と比較して「はるかに緩やか」であったことなどから，相手方の「指揮監督の下で労務を提供していた」と評価するには足りないとして，労基法上の労働者性を否定する判断を示している。

---

19) 東京大学労働法研究会『注釈労働組合法（上）』（有斐閣，1980年）219頁以下など。
20) 同報告によれば，労基法上の労働者性判断基準は，使用従属性に関する基準と，判断を補強する要素に分けられる。使用従属性に関する判断基準は，(1)「指揮監督下の労働」に関する判断基準（①仕事の依頼，業務従事の指示等に対する諾否の自由の有無，②業務遂行上の指揮監督の有無，③勤務場所，勤務時間に関する拘束性の有無，④労務提供の代替性の有無）と(2)報酬の労務対償性に関する判断基準（報酬の算定・支払方法）から成る。補強要素として，①機械，器具の負担関係，②報酬額，③専属性の程度，④公租公課の負担関係，⑤服務規律，福利厚生の適用などが挙げられている。労働省労働基準局監督課編『今後の労働契約等法制のあり方について』（日本労働研究機構，1993年）51頁以下。
21) Vgl. BAG 30. 11. 1994 AP BGB §611 Abhängigkeit Nr. 74; ErfK/Preis, BGB §611, Rn. 51.

上記判決で最高裁は,「使用従属関係」の有無といった一般的な判断基準を示してはいないものの, 指揮監督の下での労務提供にあたるか否かを①業務遂行における内容・態様面での指揮監督の有無, および②時間的・場所的拘束の程度から総合的に判断しており, 理論的には人的従属性の要素を重視しているものといえる。敷衍すると, 労基法上の労働者性の決め手となるのは, 労務供給者が一定の時間, 労働力利用の自由を喪失する点であり[22], 上記①および②の点からみて, 労働契約に基づき就労する一般の従業員と実質的に同様の指揮監督ないし拘束を受けていたといえるか否かである。このような判断基準によると, 例えば個人が一定作業を請け負う形の業務請負のケースでは, 相手方からの関与が労務供給者の側で個々の作業を完成させるために必要となる範囲の指示 (作業の目的・内容, 納期などに関する指示) にとどまり, かつ, 特に作業時間の決定・配分に労務供給者の裁量があって拘束の程度が一般の労働者と比較して緩やかと判断された場合には, 労基法上の労働者性は認められない可能性が高くなるのである[23]。

2　労働組合法上の「労働者」

　労組法上の労働者性の有無が問題となった事例は, その殆どが団交拒否の不当労働行為 (労組 7 条 2 号) 該当性が争われたケースである。以前から, 労働委員会の命令例では, 芸能員や検針員といった「特殊」勤務者につき, 相手方の事業遂行に必要不可欠な労働力の提供者として組織内に組み込まれていることや, 相手方が一方的に決定した契約内容や日時, 場所等に従って労働力を提供し, その対償として報酬を得ていることを判断要素とするなど, 後に固まる労基法上の労働者性の判断要素とは異なる要素に着目して労働者性を肯定する例がみられた[24]。CBC管弦楽団労組事件 (最一小判昭51・5・6民集30巻4号437頁) で最高裁もまた, ①同事件での自由出演契約は, 楽団員をあらかじめ会社

---

22)　土田道夫「『労働者』性判断基準の今後――労基法・労働契約法上の『労働者』性を中心に」ジュリスト1426号 (2011年) 56頁。
23)　藤沢労基署長 (大工負傷) 事件・最一小判平19・6・28労判940号11頁なども参照。
24)　日本放送協会事件・大阪地労委昭43・12・12不当労働行為事件命令集39集374頁, 高石市水道事業事件・大阪地労委昭50・7・10不当労働行為事件命令集56集67頁など。

の事業組織の中に組み入れておくことで放送事業の遂行上不可欠な演奏労働力を恒常的に確保しようとするものであり、楽団員は原則として発注に応じて出演すべき義務を前提としていた、②楽団員の演奏労働力の処分につき会社が指揮命令の権能を有しないとはいえない、③楽団員の出演報酬は労務の提供それ自体の対価とみるのが相当である、などの事情から、楽団員が会社に対する関係において労組法上の労働者にあたると判示している。

　上記判決以降も、労働委員会の命令例では、委託集金人や傭車運転手のケースで、事業組織への組入れ、報酬の賃金性などをメルクマールとして労組法上の労働者性を肯定する例がみられ、労基法上の労働者性のような使用従属関係の存在までを要件とするのではない判断のあり方により、外勤型や一定作業請負型の労務供給者を「労働者」に広く含めうる方向性が示されていた。しかし、司法判断の例は少数にとどまっていたところ、近年になり、新国立劇場運営財団事件の地裁および高裁判決が、オペラ歌手について財団との法的な指揮命令ないし支配監督関係が成立せず、個別公演出演について諾否の自由があったと評価し、また、INAXメンテナンス事件の高裁判決が、法的な使用従属関係の存否を基準として、CEに業務の依頼に対する諾否の自由があり、時間的・場所的拘束を受けず業務遂行において指揮監督を受けることがなかったと評価する判断を行った。いずれの事件においても、CBC管弦楽団労組事件最高裁判決によって示された判断のあり方とは異なり、労基法上の労働者性と類似する基準が用いられ、さらには労基法上の労働者性についても要件とは解されていない「法的な」支配監督ないし使用従属の関係の存否が基準とされたことから、「新国立劇場」・「INAXメンテナンス」ショックともいえる事態が生じたのである。

---

25) 日本放送協会事件・東京地労委平4・10・20不当労働行為事件命令集95集373頁、加部建材事件・東京地労委平15・9・2別冊中労時報1306号210頁など。
26) 水町勇一郎「労働組合法上の労働者性」ジュリスト1426号（2011年）18頁。

シンポジウム（報告④）

Ⅳ　集団的労働法上の労働者とは

1　学説の展開

　近時の学説では，労働の従属性の概念を用いるか否かといった違いはあれども，労組法上の労働者は，労基法上の労働者を含みつつ，それよりも広い概念であると解する点では，ほぼ一致がみられる。[27]

　まず，事業に現に「使用され」ていない者，すなわち失業者や求職者が含まれるとする点については異論がない。[28]

　次に，労基法上の労働者のような使用従属性の基準とは異なるメルクマールをどのようにとらえるかについては諸説がある。代表的な見解として，(1)集団的労働法による保護が労働者の交渉力の対等性確保を目的とする点を踏まえ，労務供給者の経済的従属性を重視する説（①労務を自ら給付し，その対償としての報酬を支払われる者で，独立事業者ではない者とする説，[29] ②労働者が社会的・経済的に劣位に置かれていることの指標として，契約条件の一方的決定などを重視する説），[30] (2)労組法上の労働者を，労働契約によって労務を供給する者およびこれに準じて団体交渉の保護を及ぼす必要性と適切性が認められる労務供給者と解し，事業組織への組入れ，就業条件の一方的・定型的決定，報酬の労務対価性を中心に使用従属性の判断要素を補足して総合的に判断する説，[31] (3)経済的従属性とともに，使用従属関係を要件と位置づけた上で，当事者間の関係が団体交渉による問題の解決に適した関係であるか否かの観点から，使用従属関係を実質的かつ

---

27) 西谷敏「労働法における『労働者』概念の意義」労旬1718号（2010年）8頁以下の整理によると，労働法上の労働者は3種類に整理され，①労働契約の当事者である労働者，②労基法上の労働者（①＋α（契約形式ではなく実態からみて労働者といえる者）），③労組法上の労働者（②＋β（①でもなく，αにも含まれないが，労組法上は労働者と認められる者））に分けられる。
28) 片岡曻・大沼邦博『労働団体法（上巻）』（青林書院，1992年）109頁，西谷敏『労働組合法〔第2版〕』（有斐閣，2006年）77頁，菅野和夫『労働法〔第9版〕』（弘文堂，2010年）513頁など。
29) 川口美貴「労働者概念の再構成」季労209号（2005年）143頁。
30) 西谷敏「労組法上の『労働者』の判断基準」労旬1734号（2010年）29頁以下など。
31) 菅野・前掲注28)書513頁以下。

柔軟に判断する説などが挙げられる。[32]

前述のように，新国立劇場運営財団事件などの下級審判決で，労基法上の労働者性判断と類似した基準を用いながら労組法上の労働者性を否定する例が続いたことから，学説は批判を込めて労基法の場合との判断基準および判断要素の相違を明確にする方向性を打ち出してきた。そのポイントとして，団体交渉を通じた交渉力の対等性確保や問題解決の適切性などの観点から，労組法上の労働者性を根拠づける特徴をどのように呈示するか，また，そのことと関連して，使用従属性基準において重視される諸要素の位置づけをどう解するか（考慮しない，または，総合考慮における意義や優先順位を下げる），といった点が挙げられる。

2 　最高裁における労組法上の労働者性判断

一方，2011年4月12日に出された新国立劇場運営財団事件およびINAXメンテナンス事件の最高裁判決は，オペラ歌手とCEのそれぞれの事案についての判断を行いつつ，共通の判断指標として，①事業運営に不可欠の労働力として事業組織に組み入れられていたか，②契約条件が相手方から一方的に決定されていたか，③報酬が労務の提供それ自体の対価といえるか，④相手方からの労務提供の依頼に応ずべき関係にあったか，⑤相手方の指揮監督の下において労務を提供していたといえるか，⑥時間的にも場所的にも一定の拘束を受けていたか，といった点を挙げて総合考慮し，結果的に両判決ともに，どの要素についてもこれを肯定的に評価した上で，相手方（財団もしくは会社）との関係で労組法上の労働者にあたると判示した。

両判決によって示された判断のあり方については，上記の学説上の諸見解を踏まえ，さまざまな点から，今後，理論的に検討されるべき課題が指摘されている。ここでは，その代表的なものとして，①事業主の事業組織への労務供給者の組入れ，ないし，事業主による契約内容の一方的・定型的決定という判断要素が，労組法上の，ひいては集団的労働法上の労働者といえるにあたって理

---

32)　土田道夫「『労働組合法上の労働者』は何のための概念か」季労228号（2010年）127頁以下。

論的になぜ必要となるのかという点，次に，②最高裁2判決が判断において検討している，相手方からの指揮監督の有無，労務供給にあたっての時間的・場所的拘束といった労基法上の使用従属性と通ずる要素が，労組法上の労働者性判断においてどのように評価されるべきか，という点に触れながら，以下で若干の考察を試みることとしたい。

3 集団的労働法上の労働者

まず，稼得のため，他人に自らの労働力を提供するほかないという点は，交渉における劣位をもたらす一般的な可能性を示すもので，労働法制による保護を検討すべき前提となる。もっとも，社会的に存在する個人による労務供給のあり方は極めて多様であり，必ずしもすべての取引において労務供給者側が交渉の上で劣位し，保護の必要性が認められるわけではない。人的従属性が稀薄（業務を自由に行い，労働時間を自由に決定・配分できる者）であり，かつ，特定の相手方への経済的従属性もない者（多数の相手方と交渉しながら取引の諾否を決定できる者）であれば，自己の責任と計算において事業を営む自営業者であるということができ，また，個々の取引の内容がその都度の交渉により変化するのであれば，団体交渉を通じた解決になじまない性質のものともいいうる。

他方，団結および団体行動を前提とする団体交渉を通じ，交渉における対等性の確保をはかる必要性が認められるというには，労務の取引における労務供給者の劣位を示す具体的な徴表が求められる。ドイツ法からも得られる示唆として，典型的な「労働者」に労働法による保護の必要性が認められる根拠は，使用者との関係で自らの労働力利用の自由を喪失する，もしくは制限されるところにある。使用従属関係の下での労働力の提供は，供給する労務の種類，難易，密度，時間的な長さなど，その質および量を相手方から決定されることとなり，労務供給者の側からみて不利な条件での取引といえる。こうした条件での就労を，特に継続的関係のもとで余儀なくされている者には，最も典型的に，団体交渉による保護をはかる必要性が認められるといえよう。

---

33) 土田道夫「労組法上の労働者——二つの最高裁判決を受けて」労旬1745号（2011年）49頁などを参照。

同様に，法的ないし事実的に相手方の厳密な指揮命令・指揮監督に服するとまでいえなくとも，労務供給者が相手方との関係において自らの労働力利用の自由を制限されているといえる場合には，やはり団体交渉による保護の必要性が認められるべきといえる。

　その１つは，労務供給者の労働力が，相手方の事業遂行のため，必要に応じてその意向により利用できる態勢に置かれているといえる場合である[34]。そのための判断要素として，学説でも①不可欠の労働力としての事業組織への組入れ，および，②相手方による契約内容の一方的・定型的決定が挙げられているが，これらの指標のみではやや抽象的であり，より具体的に，上記の労働力利用の自由の制限という観点から，③労務供給者が相手方からの労務供給の依頼に応ずべき関係にあったこと[35]，④報酬および労務供給の態様，内容，時期，場所などの条件について実質的に交渉の余地があったとはいえないことなどの要素と合わせて判断されるべきである。そして，上記のような非対等の関係において労務を供給し，報酬を得ている場合には，いわゆる⑤報酬の労務対価性も認められ，「賃金，給料その他これに準ずる収入によって生活する者」にあたるものと解される。

　それでは，⑥労務供給者に対する相手方からの指揮監督の有無，⑦労務供給の時間的・場所的拘束の有無といった要素はどのように考慮されるべきだろうか。上記の①ないし④の点から，労務供給者の労働力が相手方の必要に応じ，その意向に従って利用されている状態にあることが裏づけられるならば労組法上の労働者性を肯定するには足りるものといえる。問題は，労務供給が，相手方の事業運営にとって臨時的な性格が強いものである場合や，スポット的に取引されるものである場合などに，上記のような「不可欠」の労働力として位置づけられていたか否かが明確ではない，あるいは契約内容が定型的には決まっていないといった場合もありうる点である。このようなケースでは，労働契約

---

34) 山川隆一「労働者概念をめぐる覚書」労委労協651号（2010年）13頁。
35) 学説の多くが指摘するように，労務供給に応ずる法的な義務があったことまでは必要なく，当事者の認識や契約の実際の運用において（新国立劇場運営財団事件およびINAXメンテナンス事件の両最高裁判決を参照），このような関係にあった事実があれば足りるものと解される。

に基づく労働者であれば日雇労働ないし短期間の労働であっても労働者性が認められることとの対比から，労基法上の労働者性判断で求められる程度でなくとも，労務供給にあたり相手方からの指揮監督ないし相当の時間的・場所的拘束が認められる場合には[36]，やはりその点において自らの労働力利用の自由が制限されているものとして，労組法上の労働者にあたるものと解すべきである。

V 結　語

　以上，本稿では，労組法上の労働者性に関する議論・判例を主な題材として，集団的労働法の対象となるべき「労働者」のとらえ方を検討すべく，労働者概念の歴史的・体系的把握の必要を踏まえ，労務供給者が自らの労働力利用の自由を相手方から制限されている点を基軸として，集団的労働法の適用を根拠づける「労働者」のあり方を解釈することを試みた。もっとも，紙幅の関係もあり，本稿の考察ではようやく一般論を呈示したにとどまる。より具体的な労務供給の態様・パターンに応じて，集団的労使関係の中で法による保護を受けるべき「労働者像」を明らかにしていく作業はほとんど手つかずのままに残されており，今後の課題としたい。

(みながわ　ひろゆき)

---

[36] 一例として，新国立劇場運営財団事件におけるオペラ歌手のようなケースで，特に年間の基本契約などはなく，スポット的な依頼を受けて，個別公演に出演し労務を提供している場合であっても，相手方からの指揮監督ないし相当の時間的・場所的拘束の存在から，労組法上の労働者性が肯定されるべきことになる。

労働組合法上の使用者概念と団交事項

木 南 直 之

(新潟大学)

I　はじめに

　労組法は，7条において，一定の行為を不当労働行為と定義し，「使用者」に対して，それらの行為を行うことを禁止している。「使用者」は，不当労働行為が禁止される主体として，労組法上予定されているが，その「使用者」についての定義規定は存在しない[1]。使用者概念の画定は，解釈に委ねられている。近年，雇用環境の変化及び会社法制の変化により，この「使用者」概念を巡る問題が不当労働行為法上の問題として浮上し，議論がなされている。

　ところで，労働契約は，雇用主の下で労働者が労務に服し，雇用主が労働者に対しその対価たる賃金を支払う契約である。したがって，本来，労働者は雇用主の事業場において，雇用主の指揮命令に従い労務を提供することになる。しかし，第三者の指揮命令に従い労務を提供するという事例は，従来から違法ながらも存在していた。事業場内下請けの形式をとりながら，実際には，下請会社社員に対し，注文主が指揮命令を行うといういわゆる偽装請負の下で，である。これに加え，1985年の労働者派遣法制定による派遣労働の解禁，及びその後の派遣法改正による派遣可能業務の拡大により[2]，多くの分野で，合法的に雇用主以外の者が労働者に対して指揮命令を行うことが可能になり，第三者の下で労務を提供するという事例は急速に増加し，同時に紛争も増加している。

---

1) 労働契約法2条1項や労働基準法10条が，それぞれの法における使用者概念を定義しているのと好対照である。
2) 1999年改正によって，港湾運送，建設，警備，医療，製造工程の業務以外の業務については全面的に労働者派遣が解禁され，2003年改正によって，更に製造工程における労働者派遣も解禁された。

シンポジウム（報告⑤）

　一方，企業組織の面からも，使用者性を巡る問題は増加している。我が国においては，戦後長らく純粋持株会社の設立が禁止されていたが，1997年独占禁止法改正によって，その設立が解禁された。これに加え，2001年商法改正による事業譲渡の立法化，会社分割制度の導入により，子会社の設立，統合，廃止を伴う企業組織の流動化の動きが活発化している。これら法改正前より，事業持株会社を通じて，グループ企業の支配運営が行われていたという実態はあったが，規制緩和により，それら事例は大幅に増加した。そして，親会社と子会社従業員の関係を巡る問題も，それに伴い顕在化してきている。

　これら使用者を巡る問題は，私法的な問題，労働契約法上の問題としても，当然浮上する[3]。こうした私法上の問題を超えて，労組法独自に，言い換えれば団体法独自の観点で，使用者概念を直接の雇用主以外の者に拡張することができるかどうかについて，本報告では検討を行う。

　具体的には，これら使用者概念を巡る紛争の多くが，主に団体交渉の当事者として不当労働行為が成立するのかどうかを巡るものであることを踏まえ，本報告では，特に労組法上の団交当事者の範囲を巡る問題について，その使用者が負うべき団交義務事項の範囲をも関連させて，検討を行う[4]。

---

3) 例えば，派遣先が派遣労働者について雇用責任を負うのかどうか，親会社は子会社従業員に対して雇用責任を負うのかどうか，これらの問題は，派遣先あるいは親会社が雇用契約上の責任主体として措定しうるかどうかという私法的な側面での使用者概念の拡張を巡る問題である。

4) 労組法上の使用者概念の検討の前提として，労組法上の使用者概念（7条，3章，27条等）は統一的に把握されるべきかという問いがある。この点について，一つの使用者概念が労組法全体をカバーできるかどうか疑問があるし，そもそも労組法全体に通じる統一した使用者概念を定める必要があるかどうかも疑問視されるとして，労組法の各規定に即した使用者概念を検討する必要があるとの考えが通説的である（東京大学労働法研究会『注釈労働組合法　上巻』（有斐閣，1980年）336頁）。これを前提とすれば，本報告の検討対象は厳密には，「不当労働行為法上の使用者」概念である。しかし，不当労働行為救済手続は7条に定義された不当労働行為によって生じた状態を直接是正するものであって，いわば実体法たる7条に対する手続法的な地位にあり，また，労働協約は，7条によって保護が図られている団体交渉を通じて通常締結されるのである。更には所謂労働三権の相互関係について，団体交渉権を中心にこれを把握する立場をとれば，7条各号の相互関係においても団体交渉権の保護を直接図った2号がその中心的な規定と評価できる。このように，労組法の各規定は相互に密接な関連性を有し，その中心規定は7条であり，更には7条の内部においては2号が最も中核的地位を有している。そうであるならば，7条の使用者概念，より厳密には7条2

以下，報告は，まず労組法上の使用者概念について，それに大きな影響を及ぼしている朝日放送事件最高裁判決及びそれに至るまでの状況を整理した上で，同事件以後の判例及び命令例について朝日放送事件最判との関連性を意識し，直接支配と間接支配の類型，即ち派遣労働など第三者の下での労務提供を行った際の当該第三者の使用者性を巡る問題と，親会社の使用者性を巡る問題という二つの最も典型的であり紛争も多発している系統から分析を行う。

最後に，それら検討を踏まえて，労組法上の使用者概念について，試論の提示を試みたい。

II 朝日放送事件最判と従来の議論

1 朝日放送事件最判前の判例及び学説の概要

まずここでは，朝日放送事件最判に至るまでの判例及び学説について大まかに振り返る。

最高裁は，戦後早い時期に，憲法28条について，「使用者対被用者」との関係において権利を保障していると解釈した[6]。尤も，ここでいう「使用者対被用者」とは，いわゆる大衆運動を憲法28条の保護対象ではないことを示す文脈で用いられたものであった。しかしながら，その後，労組法上の使用者を判断する際にも，この使用者対被用者の関係の存在，即ち労働契約関係の存在を基準とする考え方を示し，それが定着する[7]。

これに対し，労組法上の使用者について，労働契約の当事者に限定することに反対し，これを拡張する学説の主張が二つの方向から見られた。

号を中心とした使用者概念は，厳密には労組法上の統一的な概念とはなりえないとしても，少なくとも労組法の中心的使用者概念と評価することは可能であろう。そうした意味で，本報告においては，労組法7条の使用者概念を労組法の使用者概念としている。より厳密なそれぞれの規程毎の使用者概念の検討については，別稿を期したい。

5) 最三小判平7・2・28民集49巻2号559頁。
6) 板橋造兵廠事件・最大判昭24・5・18刑集3巻6号772頁。
7) これは，具体的には，失業対策事業に関連し，日雇労働者との関係で，国や地方公共団体が使用者の地位に立たないという形で現れた（小樽市合同労組事件・最二小判昭27・11・21刑集6巻10号1240頁）。

一つは，労働契約関係の有無に関せず，労組法独自の観点から，労組法上の使用者概念を確定していこうという流れである。これらの説は，現実に，労働関係における諸事項を決定している者と交渉しなくては団体交渉の実質化が図れないことを根拠とする。その，独自の使用者性判断の基準としては，「被用者の労働関係上の諸利益に何らかの影響力を及ぼし得る地位にある一切の者[8]」とする支配力説や，「労働者の自主的な団結と，団結目的に関連して対抗関係に立つもの[9]」とする対抗関係説が有力に主張された。1970年代，こうした学説の主張は労委命令実務に影響を与え，使用者概念を拡張する命令例が相次いだ[10]。

一方で，労働契約関係の存在する者のみに使用者概念を限定することには否定的な立場をとりつつも，労働契約関係の存在にはこだわらない労組法独自の立場からの使用者概念は，企業内及び企業外に使用者性を限りなく拡張していくことが可能になり，その限界が不明瞭であり開放的な概念すぎるとの批判も有力に主張された。こうした立場からは，労働契約の存在を使用者性判定の基軸としつつも，それに類似する関係の当事者について，実態に即して使用者概念を拡張すべきであるとされた。具体的には，使用者とは，「労働契約関係ないしはそれに隣接ないし近似する関係を基盤として成立する団体的労使関係上の一方当事者[11]」などとする主張である。

こうした主張が展開されたが，判例は，基本的には，なお労働契約の存否を基準に事件を処理していた。最高裁は，76年，油研工業事件[12]において，社外工の解雇について，「労働組合法の適用を受けるべき雇用関係が成立していたものとして」発注元の労組法上の使用者性を承認する判断を示したが，この事件における社外工の雇用主は使用者としての実態がなく体裁を整えるための形式に過ぎなかったとされている。本判決は，労組法上の使用者概念について，従来同様雇用関係の存在を基本的な判断基準としたものと解され[13]，ただ，その雇

---

8) 岸井貞男『不当労働行為の法理論』（総合労働研究所，1978年）148頁。
9) 外尾健一『労働団体法』（筑摩書房，1975年）208頁。
10) 日清製粉事件・栃木労委決昭48・2・2命令集49集65頁，大桑生コン事件・長野労委決昭51・3・11命令集58集268頁等。
11) 菅野和夫『労働法』（弘文堂，第9版，2010年）668頁。
12) 最一小判昭51・5・6民集30巻4号409頁。

用関係の存在について，形式ではなく実質で判断するとしたところに一定の意義を見出すことができよう。[14]

2　朝日放送事件最判

そして，95年，最高裁は，朝日放送事件において，労組法上の使用者概念について，新たな一つの判断を示した。本判決において，最高裁は，労働組合法7条の「使用者」について，一般に使用者とは労働契約上の雇用主をいうものであるが，同条が団結権の侵害に当たる一定の行為を不当労働行為として排除，是正して正常な労使関係を回復することを目的としていることにかんがみると，雇用主以外の事業主であっても，雇用主から労働者の派遣を受けて自己の業務に従事させ，その労働者の基本的な労働条件等について，雇用主と部分的とはいえ同視できる程度に現実的かつ具体的に支配，決定することができる地位にある場合には，その限りにおいて，右事業主は同条の「使用者」に当たるものと解するのが相当である，と判断した。

本事件は，本来，使用者が行使すべき指揮命令権の一部について，実際には，使用者以外の者が行使していた事例であり，本事件調査官解説[15]によれば，会社と下請「従業員との間に労働契約関係は存在しないものの，両者の間には，実質において，このような意味での指揮命令権が存在するのと同様の関係が，いわば部分的に成立しているものと見ることができる」事例であったとされている。

---

13) 佐藤繁「油研工業事件判解」最高裁判例解説民事篇昭和51年度196頁は，本判決は結論的判断を示すにとどまっているが，使用者概念を拡張する一般的判示をした一，二審判決をそのまま引用していないことから推測すると，使用者概念を拡張するそうした立場をとったものと解されることを避けようとする配慮があったのではないかとしている。

14) 一方で，使用者概念の内部的拡張については，明確な歯止めがかけられた。労組法上の使用者は，法律上独立した権利義務の帰属主体であるととらえ，企業内の一部門，管理職等は，使用者とはならないとの判断である。企業内部における使用者概念の拡張を巡っても，団体法独自の立場から，職制や管理職等を，不当労働行為法上の使用者とすべきであるとの立場（岸井・前掲注8）・153頁）もあったが，裁判所はこれを明確に否定し，雇用主たる会社，法人のみが，「使用者」となるべきことを示した（済生会中央病院事件・最三小判昭60・7・19民集39巻5号1266頁）。これにより，企業内部における使用者概念の拡張の問題は，内部の職制ないし管理職等の行為の会社への帰責の可能性の問題へと議論の中心が変化していくことになった。

15) 福岡右武「朝日放送事件判解」最高裁判例解説民事篇平成7年度（上）224頁。

シンポジウム（報告⑤）

　労働契約関係とは無関係に独自に立場から使用者概念を画定する支配力説等の考えを排し，労組法上の使用者概念も労働契約関係の存在がその中心となることを提示したものと評価できる。そして，労働契約関係が存しないとしても，その交渉事項を分割的に把握し，その一部について，雇用主と同視できる程度に現実的かつ具体的に支配決定しているのであれば，その限りにおいて，使用者の地位に立つと，部分的な使用者概念を肯定した点に大きな意義がある。これは，同事件高裁判決[16]が，労働条件全般についての支配力の有無を問うて使用者性を否定したのと好対照である。

　一方で，部分的な使用者概念の拡張について，「雇用主と同視できる程度に現実的かつ具体的に支配決定」と相当程度厳格な限定を施した点も指摘しておかなければならない。単なる支配決定では足りず，「使用者と同視できる程度に」，「現実的かつ具体的に」と相当高い水準の，部分的には，実質的に労働契約関係が成立しているのと変わらない水準のものを求めたという点で，使用者概念の拡張を認めつつも，それには相当慎重な態度をとっていると評価できる[17]。

Ⅲ　朝日放送事件最判の諸類型への適用

　朝日放送事件及びそれまでの流れを踏まえたうえで，それ以後の，特に過去5年の判例及び命令例の分析を[18]，紛争の事例に即して二つの軸から行う。一つは，事業場内下請，あるいは派遣労働において，使用者性が争いになったものである。これらの事例は，雇用主以外の者が，直接，労務を受領している類型であり，「直接支配」事例と一応いうことができる。もう一つは，労務を直接受領するわけではない類型，典型的には親子会社における例についてであり，

---

16)　東京高判平4・9・16労判624号64頁。
17)　本事件に関する評釈としては，山川隆一・労働判例百選（第6版）（1995年）10頁，中内哲・日本労働法学会誌86号（1995年）170頁，萬井隆令・平成7年度重要判例解説（ジュリスト臨時増刊1091号）（1996年）180頁，馬渡淳一郎・労働判例百選（第7版）（2002年）10頁，脇田滋・労働判例百選（第8版）（2009年）10頁などがある。
18)　中労委のデータベース（http://web.churoi.go.jp/ 2012年1月1日現在）を基に分析した。この期間，使用者性が問題となった事件は，判例で約40件，命令例で約60件を入手できた。

「間接支配」事例とした。これら二つの軸にそって，論を進めることとしたい。

1 事業場内下請・派遣労働（直接支配）

団交事項は，大きく二つのカテゴリーに分類することができる。一つは，労働契約の存在は所与のものとし，その内容，即ち（狭義の）個々の労働条件を問題にする場合である。そして，もう一つは，労働契約そのものの存続あるいは締結または終了など，労働契約の存在そのものが交渉事項となる場合である。

そのうち，前者，即ち個々の労働条件を交渉事項とするものは，朝日放送事件の事例そのものであり，現実に使用する範囲において，使用者性は認められる傾向にある。ただ，事件数は極めて少なく[19]，朝日放送事件の基準が，実務にも深く浸透し，命令・判決にまでは至らないことが多いものと推測される。

他方，労働契約そのものの存続に関する事項についても，判例・命令例は，朝日放送事件の基準を援用して判断する。結果として，契約のそのもの，雇用そのものについて，「部分的とはいえ使用者と同視できる」事例は極めて少なく，使用者性は認められない傾向にある[20]。

比喩的に表現すれば，契約そのものは樹木の幹であり，それを前提として，枝葉である労働条件等が存在する。個々の枝葉については，雇用主以外の者が現実的かつ具体的に支配決定することはありうるにしても，樹木の中心である幹の部分を「部分的に」支配するということは，実質的には全体の支配であるといえ，これは背反する。従って，契約のそのもの，雇用そのものについて，「部分的とはいえ使用者と同視できる」ほどに支配決定しているとされる事例は極めて少なく，使用者性は認められないとの結論に至る[21]。

しかし，派遣終了後の「直用化」の問題は，やや異なった処理がなされることに注意が必要である。多くの命令例は，「雇用主以外の者であっても，当該労働者との間に，近い将来において雇用関係の成立する可能性が現実的かつ具

---

19) URリンゲージ事件・東京労委決平21・4・21命令集143集684頁は，出向先会社の労働条件を含む「コンプライアンス」に関する件についての，団交応諾義務を認めている。
20) 朝日放送事件・中労委決平18・7・5命令集135集930頁，同・東京地判平20・1・28労判964号59頁，NTTヒューマンソリューションズ事件・大阪労委決平20・2・26命令集140集555頁等。

体的に存する者もまた雇用主と同視できる者」は使用者であるとし、「将来」の雇用関係にも朝日放送事件基準を部分的に転用している。派遣労働を直用に切り替えるか否か、あるいは直用後の労働条件を巡る問題についての団体交渉についても、この基準に基づき判断がなされる。その結果、直用化決定後については、現実的かつ具体的に労働関係の成立が予定されているとして、団交義務を肯定することとなる。

一方、直用化が決定される前については、派遣法40条の4の雇用契約申し込み義務の法的効果の認識により、結論に差異が生まれている。これに私法的効果を認めるのであれば、直用化が現実的かつ具体的に予定されるとして団体交渉義務は認められ[23]、逆に私法的効果を認めなければ、団交義務は生じないことになる[24]。つまり、派遣法の解釈によって生じる私法的関係がそのまま団体法的関係の結論をもたらしているのである。

2 親子会社（間接支配）

次に、労務を直接受領するわけではない間接支配類型、典型的には親子会社における例について検討する。

学説では、朝日放送事件の射程を直接支配型に限定し、間接支配型に適用することについて、そもそも強い批判がある[25]。即ち、間接支配型は、会社間の支配従属関係に基づいて行使する事実上の影響力を問題とするのであって、朝日

---

21) 仮に、労働契約そのものについて、支配決定できるのであれば、法人格否認により、私法上も使用者と認められることは理論的にはありうる。しかし、それは、雇用と使用を分離した派遣法の構造からして、派遣会社が藁人形状態であったなど、現実的には極めて限定された場合に限られることになろう。
22) クボタ事件・中労委決平20・9・2別冊中時1408号693頁、同・東京地判平23・3・17労判1034号87頁、ヤンマー事件・滋賀労委決平22・1・29別冊中時1414号384頁、同・中労委決平22・11・10別冊中時1412号1頁等。
23) 日本電気硝子事件・滋賀労委決平22・12・6（http://web.churoi.go.jp/mei/m10860.html）。
24) サンパートナー他1社事件・福岡労委決平22・5・13（http://web.churoi.go.jp/mei/m10786.html）。
25) 西谷敏『労働組合法』（有斐閣、第2版、2006年）155頁、本久洋一「企業買収と労組法上の使用者性」労旬1631号（2006年）14頁等。

放送とは事案が異なる，と。

　しかし，労委命令及び判例レベルでは，朝日放送事件の基準を，間接支配類型にも適用する手法がほぼ確立している。具体的には，資本，人員，取引関係を介して，部分的であれ労働条件の決定を現実的かつ具体的に支配決定していたのかにより，使用者性を判断している。そして，その要求される支配決定の水準は極めて高いものとなっている。その結果，間接支配類型において，雇用主以外の者が労組法上の使用者とされる例は少ない。ブライト証券事件東京地判は，親会社につき「その影響力はあくまで間接的なものであって，具体的な支配，決定とまではいえない」と判示しており，これは間接支配類型において使用者性を是認するための水準が極めて高いことの典型的な説示である。間接的な影響力の程度を問題にしている（現実的かつ具体的かどうか）にもかかわら

---

26) 特に，多くの事件を取り扱う中労委及び東京都労委の判断基準は完全に固まっているといえる。

　　一方，それ以外の都道府県労委では，若干違った判断をするものもみられる。高見澤電機製作所事件・長野労委決平17・9・28命令集133集274頁は，親子会社，グループ会社における使用者性基準について，柔軟に判断しようと試みた。いわゆる親子会社の場合について，親会社は，通常，子会社の経営状況や財務状況，将来経営戦略などについて関心が深いところであり，また，これらは連結決算制度なども関係して，親会社株主の利害に強く関係するところである。したがって，親会社の使用者性については，このような資本関係上の利害を基礎として，資本関係，頻繁な役員の派遣や重要な役員の派遣などの役員派遣の量的及び質的な状況，親会社の経営戦略や経営方針に従った会社経営の具体的推進の状況，親会社役員による具体的な又は役員を通した間接的な経営指導や監督の状況，親会社社員による直接的具体的な指示・指揮命令・要請の有無，会社製品の営業取引上の支配など人的物的な一体的事業運営の有無と程度などを考慮して判断することが必要であるとした。しかし，中労委ではこうした判断基準による判断は排斥され，朝日放送類似の基準で，使用者性が否定されている（中労委決平20・11・12命令集142集1308頁）。

27) 中労委の判断基準は，「雇用主と部分的とはいえ同視できる程度に現実的かつ具体的な支配力」を有していたのかで統一され，「支配決定」が「支配力」と置き換わっているが，これは間接支配であり，直接の決定ではないことを反映したに過ぎないと解される。

28) シマダヤ事件・東京地判平18・3・27労判917号67頁，大阪市事件・中労委決平20・5・7命令集141集747頁。太平洋セメント事件・中労委決平21・6・17命令集144集707頁，同・東京委決平20・4・15命令集140集612頁等。

29) 厚労省研究会（2006年5月26日）も，投資ファンド等の使用者性について，朝日放送事件の枠組みにより処理することが可能であるとの報告を行っており，親子会社，持株会社に関しても朝日放送事件の枠組みで判断可能であることが当然の前提となっている。

30) 大仁事件・北海道委決平21・1・9命令集143集37頁等。

31) 東京地判平17・12・7労経速1929号3頁。

シンポジウム（報告⑤）

ず,「あくまで間接的」なものは具体的ではないとするならば,およそ使用者性が認められる事例はないことになる。

朝日放送事件基準による使用者概念の拡張は行われない一方,親会社との間で,私法的な契約関係の成立を認めることにより,結果として,団体交渉義務をも課すという判断が散見されることも指摘しておかなければならない。[32] 労組法独自の概念として,使用者性を拡張するのではなく,私法上の使用者概念が拡張された結果,それに引きずられて労組法上の使用者概念も拡張される効果が,ここでは発生している。

Ⅳ 試 論――労組法上の使用者概念の再検討

1 朝日放送事件以後の判例・命令例のまとめ

朝日放送事件以後の判例及び命令例の傾向は以下のようにまとめられる。

判例及び命令例は,ともに,基本的には,朝日放送事件において示された基準,即ち,部分的使用者についての基準が,直接であろうと間接であろうと支配の類型を問わず,かつ交渉対象事項にかかわらず,一様に使用者性判断の基準として用いられている。そして,その基準を満たしているかどうかの水準については,極めて厳格な判断をする。

その結果,朝日放送事件が対象とした直接支配でありかつ個々の労働条件を交渉事項とする場合については,確かに朝日放送事件で示された基準は使用者概念を拡張する方向で機能していると言える。しかし,それ以外については,むしろ使用者概念を限定する方向で機能している状況にある。

しかし一方で,私法的な使用者概念の拡張に伴って,それに引きずられる形で労組法上の使用者概念が結果として雇用主以外の者にまで拡張される場合が存在する。

---

[32] ショウ・コーポレーション事件・神奈川委決平19・3・19命令集137集858頁,同・横浜地判平22・6・22別冊中時1403号62頁は,子会社と親会社は実質的に一つの事業体であったとして,子会社従業員について親会社との間での労働契約の成立を肯定することにより,結果として労組法上の使用者概念も拡張された。また,西野物流事件・千葉労委決平21・2・10命令集143集237頁は,法人格否認の手法により,使用者概念を拡張している。

このように朝日放送事件で示された基準は，労組法上の使用者概念の拡張には寄与しておらず，寧ろ拡張の足枷となっている状況にある。こうした状況をどう評価し，どう対応すべきであろうか。基準をより柔軟化し又は別の緩やかな基準を立てることにより，あるいはその射程を限定的に解することにより，使用者概念の拡張を図っていくという方向性がまず挙げられる。しかしながら，後述する我が国における団体交渉権の強い権利性及びその権利を保障することの意味を踏まえると使用者概念のこれ以上の拡張は適切ではないように思える。そこで行われる交渉こそが重要なのであって，それは使用者性の入り口を広げるのではなく誠実交渉義務の程度を高めることによっても，実現することが可能であり，より適切な手法であると考える。次項では，前提となる団体交渉権の権利性及びそれを保障することの意味を検討したうえで，労組法上の使用者概念につき，誠実交渉義務をも関連させて，一つの試論を提示したい。

2　新たなる労組法上の使用者概念の提案
(1)　我が国における「団体交渉権」の強い権利性

　「団体交渉権」について，独立した権利としては観念しない法制もある一方，我が国においては，団結権，団体行動権とならんで，憲法において直接の保護の対象となっている。そして，その保護内容は，労組法において具体化される。我が国における団体交渉権は，自由権，即ち，国家からの干渉からの自由にとどまるものではなく，（少なくとも労組法上の権利としては，）対使用者の関係において請求権的な側面も有する[33]。労働組合は，使用者に対して，団体交渉に応ずるよう請求することができ，使用者は正当な理由なくしてこれを拒むことができない（労組法7条2号）。しかも，その交渉内容ないし態様は，形式的に行わ

---

33)　団体交渉については，権利としては放任することにより，労働組合が自主的に団体行動によりその実現を図ることに委ねる法制もありうる。この場合，団体交渉に応ずべき使用者の範囲も，団体交渉の対象事項も，基本的には労使の力関係において，決定されるべきことになり，法（国家）が介入すべき事柄ではないことになる。しかしながら，解釈論として，少なくとも労組法上，使用者に誠実交渉義務が課されており，その結果としてそうした誠実交渉を実現する権利が労働組合に与えられていると解するならば，こうした立場は取りえない。即ち，使用者概念及び団交事項の確定を放棄することは許されない。

れればよいというものではなく，誠実に行われなければならないものと解されている[34]。さらに，組合の大小にかかわらず，雇用する労働者の所属する全ての労働組合について，平等に，交渉しなければならない[35]。

更に，使用者は，この誠実交渉義務について，不当労働行為救済手続の過程で行政命令を発せられることにより，公法上も履行義務を負い，この履行義務違反については，過料という行政罰（労組法32条）あるいは確定判決を経た場合には刑罰（労組法28条）を科せられることもありうる。

このような団交義務の高度の権利性（義務性）を顧みるとき，その義務主体となる使用者の範囲は徒に拡張することは適当ではなく，使用者が負うべき団交義務の内容と労働者に保障された団交権保障の意義を総合的に勘案して，バランスを保ちつつ，合目的的に確定することが望ましい。

その際は，時に労組法が刑罰法規として機能し，あるいは公法上の義務をも課しているということを考慮すると，当事者，殊に義務を課せられる当事者である「使用者」にとって，予測可能なものであるべきである。

(2) 労組法上の団体交渉権保障の意味

一方，我が国おける団体交渉権についての労組法上の権利内容を踏まえると，その保障の意味は，団結を承認し，団交を，争議による圧力なしに実質的に保障することにあると評価できよう[36]。団結及び団体行動の実態により，労使の交渉力の差異は様々であったとしても，労働条件設定のための交渉の場は少なくとも確保する。本来，労使の力関係により流動的に行われるはずの「事実行為としての団体交渉」を「団体交渉権」という具体的な権利とし，交渉そのものにつき，つまり，入り口論での，争議による解決というロスを防いでいる[37]。

それに対して，使用者概念の拡張を解釈論で行うことは，交渉のいわば入り口論での紛争に多くの時間労力を割くことに繋がってしまう。その結果，実質

---

34) カール・ツアイス事件・東京地判平元・9・22労判548号64頁。
35) 日産自動車事件・最三小判昭60・4・23民集39巻3号730頁。
36) 道幸哲也「団体交渉権の法的構造」日本労働法学会編『講座21世紀の労働法（8）』（有斐閣，2000年）66頁では，団交権保障の目的について，団結承認，労働条件の平和的決定及び経営参加の三点からの説明が可能とし，我が国の場合は，団結承認が主に当てはまるとしている。

的な団体交渉の実現が（仮に使用者性が認められるにしても）困難になっているという現実がある。仮に，拡張された使用者と団体交渉を行ったとしても，容易には解消できない労働関係を基礎としない関係である以上，将来，継続的に行われる保障はなく，将来にわたっての継続的な正常な労使関係秩序の実現には寄与しない[38]。交渉の主体という入り口論に止まるのではなく，そこで行われるべき交渉の中身こそ，より実質化を図るべきであろう[39]。

(3) 労組法上の使用者概念の新提案

こうしたことを踏まえ，労組法上の使用者概念の解釈として，次のような提案を行う。

労働組合法上の使用者とは
「雇用主又は部分的であれ雇用主と同様の権利義務の関係にあると看做されうる者」と定義
↓
これと同時に，雇用主はその使用する労働者の全ての団交事項について
誠実に交渉する義務を負うことを確認
↓
さらに，誠実交渉義務の範囲として，
その事項につき実質的に支配決定している者のその支配決定の度合いに応じ，
問題解決に向けて可能な措置を採ることまでをも含むものと把握

この提案は，従来，労組法上の使用者概念の拡張の問題として把握されてきた雇用主以外の者の雇用に対する関与について，誠実交渉義務の内容の確定の問題として把握し直すことに主眼がある。

37) 結果として，組合が弱かろうと強かろうと，保障されるべき最低限度の団体交渉の形を，法（国家）が設定し，この実現を図っていることになる。また，労働委員会が労働争議の調整を行うことが可能であること（労組法20条，労働関係調整法17条，29条）などからして，完全ではないにしても，団体交渉を，組合の権利を超えて，争議の頻発を回避するため，即ち産業平和のための手段として，積極的に活用することも企図しているという側面も否定できない。
38) そこで構築される団体交渉関係は，将来に向けて正常に継続的に機能していくことが望ましいことは言うまでもない。労働契約が継続的契約である以上，（当事者が望むならば）団体交渉も継続的に行われなければならない。また，不当労働行為の救済も，過去の権利侵害の回復に止まるのではなく，将来の正常な労使関係の構築をも目指すものでなければならないことになる（第二鳩タクシー事件・最大判昭52・2・23民集31巻1号93頁参照）。
39) 仮に，間接支配類型において，労組法上の使用者性が一旦認められたにしても，派遣契約又は業務請負契約を改定することにより，支配決定の度合いが下がり基準を下回ることになれば，一切の団体交渉義務を負わなくなってしまうのである。

解釈論として，労組法上の使用者概念を拡張することは困難であるし，好ましいことではないとの観点から，使用者概念としては限定的な立場をとり，雇用主又は部分的であれ雇用主と同様の権利義務の関係にあると看做されうる者と定義した。この定義については，使用者概念の厳格性を追求すれば，雇用主に限ることも一つの選択肢ではあるが，朝日放送事件最判が重畳的な使用者概念の存在を認め，また現に，雇用主以外の者に雇用主と同様の権利義務が課せられている事例が存在し[40]，今後の立法により[41]それを拡張していくことも可能にするため，このような定義を行った。つまり，現実に[42]あるいは法（の擬制）[43]により，雇用主以外の者が部分的であれ，労働契約上の権利を行使しあるいは義務も負った場合にのみ，その限りにおいて団交義務を負う使用者も拡大される[44]。

しかしながら，これは，団体交渉の縮小を意図するものではない。第一次的な団交当事者である雇用主は，その使用する労働者の全ての団交事項について誠実に交渉する義務を負うものである。その誠実交渉義務の内容あるいは範囲の画定の問題として，雇用主以外の者の関与は重要な判断要素となる。つまり，ある団交事項について，雇用主が自ら決定できないことを理由に団交に応じないことは許されず，そうである場合は，実質的に支配決定している者を，その支配決定の度合いに応じて，場合によっては交渉に出席させるなど，可能な措置を採ることを要求される。また，支配を行う者の意思による不利益取扱，支配介入行為も，雇用主によるそれとして取扱い，不当労働行為を認定すること[45]となる。

---

40) 労働者派遣法44条及び45条の規定は，雇用主以外の者に，雇用主と同様の権利義務が課せられる場合の典型である。
41) 立法論としては，持株会社に，使用者責任を負わせ，同時に団交義務を負わせることは可能である。
42) 朝日放送事件基準は，現実の，言い換えれば直接支配事例における，雇用主と同様の雇用契約上の権利義務を有すると看做されうるかどうかの基準として把握される。
43) 実質的同一性の理論，法人格否認の理論などは，私法上（個別的労働法上）も問題となる事項であり，私法上，同一と見做されるのであれば，労組法上も雇用主としての責任を負うことになる。
44) 雇用主内部の関係においては，団体交渉の主体あるいは救済命令の名宛人としては，機関や特定人が対象とはならず，法人自体が対象となること（使用者の内延の問題の処理）とも適合的に理解することが可能である。

このように，団交義務を負う使用者の範囲についてその拡張を図るのではなく，その範囲は限定し，その上で雇用主の団交義務の内容について，従来よりも高い水準のものを，雇用主以外の者の支配決定の度合いに応じて，求めることになる。

V　結びに代えて

立法論として，正面から親会社に団体交渉義務を負わせることや，派遣先会社に，例えば，雇用継続に関連する問題にまで団体交渉義務を負わせることも，一つの方策としては理解できる。むしろ，そうした親会社等の雇用に対する影響力の現実的な強さを考慮すれば，立法論としては交渉義務を負わせるべきだともいえる。

しかし，現行法の解釈としては，親子会社といういわば法人格の技巧が会社法等により，適法なものとして認容されているという事実，あるいは雇用と使用とが分離され派遣先は雇用義務を負わないという派遣法の法形式の面からして，それらを超えて使用者概念を拡張することを正当化することには困難が伴う。更に，拡張するとしても，その概念の限界について明確な線引きを行うことは技術的に極めて難問であり，結果，判例・命令例は，使用者概念の拡張に消極的な態度を取らざるをえない状況となっている。

だが，労働者にとって，交渉事項があるにもかかわらず，団体交渉できないという事態は避けなければならない。そこで，従来使用者概念の画定の問題として把握されていた内容は雇用主の誠実交渉義務の程度の問題へと，検討場面を転換することを提案するものである。言い換えれば，雇用主以外の者の支配決定の有無あるいは程度の問題は，使用者と確定できる程度かどうかの一か零で結果を出すべき問題ではなく，その支配決定の度合いに応じた雇用主の誠実交渉義務の度合いの問題として把握するということである。このように，入り口論の拡大ではなく，交渉義務内容として把握することのほうが，かえって，

---

45)　雇用主の不当労働行為意思をこのように柔軟に取り扱うことは，従来の判例上も不可能ではない（山恵木材事件・最三小判昭46・6・15民集25巻4号516頁）。

本来ありうべき，団体交渉が実質的に行われることに寄与すると考える。しかしながら，本報告は，そうした検討場面転換という大まかな方向性を示したにとどまり，具体的な交渉義務内容の拡張基準等緻密な検討はできていない。これらの点については，別稿を期すこととしたい。

(きなみ　なおゆき)

個別的労働関係法における労働組合の意義と機能

奥 田 香 子

(近畿大学)

I 本稿の趣旨と検討課題

 集団的労働条件決定システムにおいては，憲法28条で団結権や団体交渉権を保障された労働組合による関与，すなわち団体交渉・労働協約制度がその中心をなしている。一方，個別的労働関係法の分野でも集団的関与の手法が導入されており，近年それは拡大する傾向にある。
 第1に，過半数代表[1]の活用による集団的関与の手法である。労働者個人の個別の同意ではなく，集団的コントロールを条件として法規制を柔軟化するという手法は諸外国にも見られるが，その場合の集団的コントロールには労働組合との労働協約が予定されることもある。この点で，労働基準法を始めとする日本の個別的労働関係法では，過半数代表との労使協定という手法がとられることが多い[2]。過半数代表をめぐっては，これまで，制度的欠陥が顕著な過半数代表者について多くの問題が検討されてきたが，過半数代表の第一順位である過半数組合についても，その労働組合としての団体交渉権との関係などは必ずしも明らかではない。

---

1) 本稿では，労基法36条等に規定された「労働者の過半数で組織する労働組合がある場合においてはその労働組合，労働者の過半数で組織する労働組合がない場合においては労働者の過半数を代表する者」を，「過半数代表」と称し，このうち前者を「過半数組合」，後者を「過半数代表者」と称している。
2) 労基法24条1項の通貨払原則に対する例外のように，労働協約によることを規定する場合もある。また，同条の全額払原則についても，当初は労働協約によることとされていたのが，労働組合がない場合や労働組合があっても労働協約がない場合でも労使の便宜に応えるなどの理由から，過半数代表との労使協定という手法に改定されたとされている（厚生労働省労働基準局編『平成22年版・労働基準法上』〔労務行政，2011年〕341頁）。

シンポジウム（報告⑥）

　第2に，労働条件決定システムの中での就業規則の機能強化である。とくに労働契約法7条および10条で就業規則の契約規律効が明文化されたことにより，事業場の従業員を対象とした労働条件の決定において今後さらに大きな意味を持つことになると思われる[3]。そうすると，集団的労働条件決定システムの中心にあるはずの労働組合の団体交渉や労働協約は就業規則による労働条件決定にどのように関係してくるのか，労働組合は就業規則法理にどのように位置づけられるべきなのか，ということなどが問われることになる。

　このような個別的労働関係法における集団的関与の手法においては，多数決原理にもとづく制度設計が拡大しているが，労働者が多様化する中で少数者の意見はどのように調整されるべきかが問題になりうる。多数決原理は数のルールであるだけではなく，少数者の意見に留意する必要性を含んでいると思われるが，個別的労働関係法における制度がそのような内容になっているのかどうかは疑問のあるところである。また，多数決原理自体は民主主義社会における1つの重要な規制原理であるが，一方で，集団法から見れば，複数組合主義にもとづいて労働組合に平等に保障されている団結権・団体交渉権とそれはどのように整合的であるのかという問題もありうる。

　以上の問題意識から，本稿では，個別的労働関係法において労働組合はどのような意義をもち，個別的労働関係法の分野で広がる集団的労働条件決定の側面が，集団法における労働組合の権利とどのように関係するのかを整理して検討するという問題を設定し，具体的には，以下の課題に焦点を当てて検討することとする。

　第1に，過半数代表制について，過半数組合に過半数代表としての権限が与えられていることが過半数組合自身の団体交渉権保障とどのように関係しているのか，逆に，過半数代表としての権限を有しない少数組合の団体交渉権とはどのように関係しているのか，という問題である。過半数代表の権限はさまざまであるが，本稿では労使協定の締結に焦点を当てて検討する。

3）　毛塚勝利「労働契約法の成立が与える労使関係法への影響と今後の課題」季労221号（2008年）27頁以下は，労働契約法による就業規則の契約規律効の明文化が集団的労使関係に与える影響を指摘している。

第2の検討課題として，就業規則の合理性判断における労働組合との交渉の評価という点から，労働契約法10条の解釈をも見据えながら，そこでの団体交渉権保障との関係を考える。就業規則との関係では，集団的労働条件決定システムの中で就業規則と労働協約がどのように関連するかなど，他にも検討すべき問題はあるが，本稿では，合理性判断における問題に絞って取り上げる。

II　労使協定の交渉・締結と過半数組合の団体交渉権

1　労使協定の締結と過半数組合の団体交渉権

　労使協定の締結について，使用者は，過半数組合がある場合にはその労働組合と協定を締結することとされている。

(1)　過半数組合の労使協定締結資格

　過半数組合は，過半数代表として労使協定締結資格という特別の権限を与えられるが，このことによって，労働組合としての団体交渉権が制約されるわけではない。むしろ，労使協定の締結に関する協議や交渉も，過半数組合の労働組合としての団体交渉であり，それらが義務的交渉事項である以上，その交渉申入れを正当な理由なく拒否することは団交拒否の不当労働行為（労組法7条2号）に該当し，その活動に対する不利益取扱いなども不当労働行為（労組法7条1号・3号）に該当する場合がありうる。

　このように，過半数組合が労働組合として保障された権利を背景に労使協定に関する団体交渉を行うことは，それ自体としては重要であるが，しかし，次のような問題も指摘されている。たとえば，そもそも「労働組合が代表しうるのは，本来は加入意思をもって組合に加入した組合員だけ」であることからすれば，「過半数組合……を当然に従業員全体の代表と認める現行法制をどう考えるべき[4]」か，といった根本的な疑問がその1つである。また，「非組合員や他組合員にとっては，その意思決定に参画することができないにもかかわらず，自分と関係のないところで決められた労使協定[5]」が及ぶこと，さらに，「過半

---

[4]　西谷敏・道幸哲也・中窪裕也編『新基本法コンメンタール・労働組合法』（日本評論社，2011年）10頁〔西谷敏執筆部分〕。

シンポジウム（報告⑥）

数組合の代表は，事業場の全従業員によって選出されたわけ」ではないことなどから，「過半数組合が全従業員の利害を代弁しうるという保障はまったくない」ということなども指摘されてきた。しかし，こうした疑問は，これまでに必ずしも解消されているわけではない。

(2) 過半数組合に「公正代表義務」はあるか？

こうした疑問がある中で，また労働者の多様化や労使協定対象事項の拡大なども関係して，過半数組合が過半数代表としての権限を行使することについては，非組合員や少数組合員の意向をも聴取すべきであるとか，その利害を公正に代表する義務があるとする解釈，さらにはそれを組み込んだ立法論などが主張されるようにもなっている[7]。しかし，少なくとも現行法のしくみにおいては，過半数組合に他を公正に代表する義務があると考えることには疑問がある[8]。

現行法で，過半数組合は，従業員の過半数を「組織している」ことによって事業場の従業員全体に適用される労使協定を締結する資格を「自動的に」与えられるにすぎないので，労働組合としての団結権にもとづく行動をとることが制約されるわけではない。過半数組合が自己の団結権にもとづいて行動するとすれば，労働組合がそもそも自己の組合員を代表するものであることからして，非組合員や，まして少数組合員を公正に代表する根拠は存在しない。また，過半数組合が組合員の利益を擁護する場合，非組合員や少数組合員の利害と一致しないことは十分にありうるので，それを過半数組合の中で調整するのは難しいと思われる。さらに，公正代表という場合，代表される側の権限を制約することを前提として成り立つため，それは，少数組合の団結権や団体交渉権の保障と整合しなくなるのではないかという疑問もある。

---

5) 濱口桂一郎「過半数組合論の必要性」労旬1674号（2008年）4頁。
6) 西谷敏「過半数代表と労働者代表委員会」日本労働協会雑誌356号（1989年）7頁。
7) たとえば，道幸哲也『労働組合の変貌と労使関係法』（信山社，2010年）246頁等，藤内和公「改正労働時間法における労使協定」日本労働法学会誌74号（1989年）40頁など。濱口・前掲論文5頁は，過半数組合を「一事業場のすべての労働者の利益を代表すべきある意味で公的な性格を持つ機関であると考える必要がある」と指摘する。
8) 唐津博『労働契約と就業規則の法理論』（日本評論社，2010年）166頁は，就業規則の意見聴取手続に関して，「労基法は過半数組合の団体的意思に優先的な価値を与えている」とされる。

以上の点から，過半数組合が労使協定の交渉・締結にあたって，非組合員や少数組合員を公正に代表する義務を負うということは，かりに立法論であるとしても否定的に解すべきである。

　もっともこの場合，少数組合員や非組合員の意向や利益がどのように考慮されるのかはもちろん重要な問題である。結論的に言えば，少数組合員については少数組合によって労使協定の交渉過程への関与が可能であるが，非組合員については，就業規則の合理性判断で事後的に考慮することになる。

2　労使協定の効力と過半数組合の労働協約

　過半数組合が労使協定を締結する場合，「実質的には労働協約の締結を特例許容の条件とし，その効果を自動的に全事業場に拡張することと変わりはない[9]」とも指摘されているように，労使協定は実質的に労働協約に近いものになってくる。しかし，むしろそうであるがゆえに，労使協定としての効力は可能な限り限定的に解釈すべきであり，それによって定められる基準の適用や義務の発生は，就業規則の根拠規定にもとづいて判断されるものと考え[10]，労使協定が労働協約としての性質を合わせ持つ場合にのみ組合員については労働協約の効力が及ぶと考えるべきである。

(1)　労使協定の効力

　労使協定の効力については，主に三六協定を中心として多くの議論が展開されてきた[11]。そして三六協定については，今日，免罰的効力や制限解除の効力を持つにすぎないという考え方が確立している。しかし，1987年の労基法改正による新たな労働時間法制において労使協定の対象事項が拡大されたことから，

---

9)　盛誠吾『労働法総論・労使関係法』（新世社，2000年）315頁。
10)　この点については，就業規則の合理性判断という多様な要素からの総合判断に委ねるよりも，労使協定締結のレベルで利害調整を図るほうが有益かつ妥当であるという見解もありうる。使用者が一方的に定める就業規則より少なくとも合意が前提となる労使協定を重視すべきという考え方にもつながるものであり，それ自体はたしかに妥当であると思われる。筆者は，少なくとも現行法の過半数代表制のもとでは，合理性という判断基準が明文化された就業規則レベルでの判断に委ねるほうが望ましいと考えるものである。
11)　渡辺章「時間外労働協定の法理」労働法文献研究会『文献研究労働法学』（総合労働研究所，1978年）28頁以下，野川忍「労使協定論の展開」季労170号（1994年）100頁以下など。

新たに導入された労使協定についてさらに議論が展開され、とくに計画年休協定については、私法的効力を肯定する考え方も通説的見解になっている[12]。

問題はさらに、高年齢者雇用安定法9条2項や育児介護休業法6条の労使協定が、労働者の権利に直接作用しうるものとなっている点である。こうした変化を受けて、労使協定の効力を再検討する考え方もありうるが、現行法の過半数代表制を前提とすれば、労使協定の効力は現在でもなお限定的に解すべきである。もちろん、労使協定によって定められた基準などが労働条件決定の基準や枠として実質的に機能することは否定しえないが、それは、就業規則による適用を媒介として、就業規則の合理性判断において検討されるべきである。

たとえば、高年齢者雇用安定法9条2項の労使協定の場合、選択基準を定めた継続雇用制度の労使協定を締結すれば、9条1項2号の継続雇用制度を導入したものと「みなす」とされているため、労使協定で具体的な選択基準を定めることになる。しかし、これを定めることはあくまで9条1項違反にならないということに過ぎず、そこで定められた基準が適用されるか否かは、それを定める就業規則の合理性判断によって決定されると解すべきである。もっとも、育児介護休業法6条の場合はこうした解釈も成り立ちにくい。結局のところ、適用除外の基準が労使に委ねられずに法定されていることから、例外的に位置づけるしかないであろう。

(2) 労使協定と過半数組合の労働協約

労使協定の効力を以上のように解したとしても、過半数組合が締結した労使協定が労働協約としての性質をもつ場合には、組合員は労働協約の規範的効力によってその内容に拘束されると考えられる[13]。

また、これに関連して、過半数組合は自己の組合員のみを対象としたプラス条件について交渉する権利を制約されるわけではないので、プラス条件が合意された場合には、労働協約の効力によって過半数組合の組合員のみにそれが適

---

[12] 西谷敏『労働法』(日本評論社、2008年) 335頁、菅野和夫『労働法〔第9版〕』(弘文堂、2010年) 336頁など。
[13] 労使協定(三六協定)と労働協約の関係について詳細に検討されている文献として、盛誠吾「三六協定と時間外労働義務(一)」労判440号 (1985年) 29頁以下。

用されると考えるべきであろう。

　もっとも，労使協定の法定事項については例外的に考えるべきであろう。労使協定の締結が法規制を柔軟化する要件となっており，そこに従業員の過半数の意思が反映されることが求められ，過半数組合との書面協定が従業員の過半数の意思であると扱われる以上，労使協定の法定事項について過半数組合がそれで合意した内容とは異なる内容をさらに組合員について交渉するとか，労働協約として締結することは，否定されるべきである。したがって，その限りで過半数組合の独自の団体交渉権は制約されざるをえない。

　なお，法定事項以外の内容が組合員に限定されずに規定されている場合，その内容は多様でありうるが[14]，少なくとも，義務を発生させるような規定は，労働協約の効力によって組合員に及ぶ可能性がある以外は，他の従業員に効果は及ばないと考えられる。

Ⅲ　労使協定の交渉・締結と少数組合の団体交渉権

1　労使協定の締結と少数組合の団体交渉権

　少数組合は，「過半数で組織する」という要件を満たさないため，過半数組合と同等の立場で労使協定締結資格を認められることはない。このことは，少数組合の団結権・団体交渉権保障とどのように関係するだろうか。

(1)　労使協定の締結における少数組合の立場

　過半数代表制にもとづく労使協定の締結において，少数組合が締結権限を有しないことは，過半数組合との関係では，集団的な労働条件規制に関して労働組合としての平等な権限が付与されていないことを意味する。また，過半数代表者との関係では，労働組合であってもそれに劣後する関係であることを意味する。

　こうした構造は，憲法28条の下で複数組合主義によって組合員数の多寡に関

---

14)　この問題について実態から分析・検討された文献として，渡邊岳「過半数代表者が締結した労使協定の効力に関する若干の考察——法定外事項に関する条項を中心に」山口浩一郎他編『経営と労働法務の理論と実務』（中央経済社，2009年）649頁以下がある。

わらず団結権・団体交渉権を保障する集団法の原則から考えた場合，何ら問題はないのだろうか。とくに，過半数代表制が拡大すればするほど，少数組合の関与の余地を縮小させることになるのではないかという疑問が生じる。

(2) 少数組合の団体交渉権に関する考え方

集団的労働条件決定システムに関しては，多数組合優位の制度を法的に承認することを内容とした立法論が展開されるなど，少数組合の平等な団体交渉権の保障に制約的な考え方も示されるようになっている[15]。また，団結平等主義は認めつつも，少数組合が「実質的に集団的労働条件決定機能を欠いていることを直視すべき」であるという認識から，「集団的労働条件決定プロセスとしての団体交渉を考えた場合には，単純な団結平等主義が妥当するとは必ずしもいえないという認識に立つべき」[16]との指摘もある。

たしかに，集団的労働条件決定システムにおいて，実質的に多数組合の意向が優先することはあるとしても，やはり法制度としては，可能な限り集団法の原則と整合的であることが必要である。また，冒頭で述べた多数決原理における少数意見の重要性という観点からも，集団的労働条件決定においていかに少数の意見を反映できるルートを保障するかが重要だと考えることから，本稿では，少数組合の果たす役割は存在するとの認識を前提に以下の検討を行う。

2 少数組合の団体交渉権と使用者の団交応諾義務の内容・範囲

(1) 複数の少数組合による過半数代表

少数組合の団体交渉権について検討するに先立ち，少数組合が労使協定の締結資格を有しないという点について，複数の少数組合が過半数代表になりうる可能性にふれておくこととする。これについては，使用者が複数の少数組合と

---

15) たとえば，小嶌典明「労使自治とその法理」日本労働協会雑誌356号（1989年）13頁以下，同「労使関係法と見直しの方向」日本労働法学会誌96号（2000年）123頁以下。もっとも，ここでは，「過半数を代表する労働組合」について労働者の過半数の信任を得ることが条件とされており，過半数を組織していることから自動的に代表となる現行法の構造とは異なると思われる。

16) 島田陽一「労使関係法制の見直し――総括」日本労働法学会誌96号（2000年）120頁。奥野寿「少数組合の団体交渉権について」日本労働研究雑誌573号（2008年）28頁以下も参照。

同じ内容の協定を締結し，その組合員数が事業場の労働者の過半数になる場合に労使協定と認める裁判例があるほか[17]，「複数の少数組合の組合員を合計すれば過半数となる場合や，少数組合の組合員と当該組合を支持する非組合員を合計すれば過半数となる場合」に，少数組合（の代表者）が過半数代表者として活動することを適法とする説もある[18]。しかし，労使協定による法規制の解除についてはまず諸権利を保障された労働組合の関与が重要であるということから考えて，複数の少数組合による関与は，その意思が統一されていれば「過半数組合」として労使協定を締結することができると解すべきである[19]。

(2) 労使協定の交渉過程における団体交渉権の保障

労使協定の交渉過程における団体交渉権の保障については，少数組合が労使協定の締結資格を有しないことと団体交渉権との関係について，最近の裁判例でも問題になった。

ブックローン事件・東京地裁判決では，高年齢者雇用安定法9条2項の労使協定をめぐる少数組合の団体交渉権について，「継続雇用協定や就業規則における継続雇用規定に定める基準よりも組合員にとって有利な『労働条件その他労働者の待遇に関する基準』を労働協約で別個に定めることは何ら妨げないので，労使協定の締結資格がないことは，団交拒否の正当な理由にはならない[20]」と判断されており，これ自体は妥当な判断である。

もっとも，この判決自体からは，少数組合の団体交渉権がどの範囲のものであるかは必ずしも明らかでない。したがって，学説においても，少数組合の団体交渉権が制限されないことは前提としつつも，その範囲についてはいくつかの問題点が指摘されている。たとえば，「過半数代表に認められたものとまっ

---

17) 全日本検数協会事件・名古屋高判昭46・4・10労民集22巻2号453頁。
18) 東京大学労働法研究会編『注釈労働基準法・上巻』（有斐閣，2003年）42-43頁〔川田琢之執筆部分〕。
19) 昭28・1・30基収398号。
20) ブックローン事件・東京地判平22・2・10労判1002号20頁，同事件・東京高判平22・9・9別冊中央労働時報1397号81頁。本件の評釈として，石橋洋「高齢者法上の労使協定締結資格がないことなどを理由とする団交拒否と不当労働行為の成否」中央労働時報1121号（2010年）9頁，所浩代「高年法9条の雇用確保措置と協定締結資格のない組合に対する団交応諾義務」季労230号（2010年）197頁。

たく同じテーマ……での団交を要求すること」は,「過半数代表の権限を全面的に侵害すると解される」ので,そのような団交拒否は正当である[21]という見解がみられる。また,「組合員の労働条件の問題として団交要求をしたならば,応諾が義務づけられ」るが,「過半数代表の権限……との関連では,一定の制約」があり,労使協定の「締結を阻害する行為は許されないか,たとえば,協定が締結されるまでは団交を拒否しえるかが問題となる」[22],などの点も指摘されている。

　この点について,労使協定が締結されるまでの交渉過程であっても,過半数代表の締結権限と少数組合の団体交渉権とは両立しうると考えられる。たしかに,少数組合に労使協定締結資格がないので,事業場の従業員全体を代表する立場において労使協定を締結することはできないが,同一内容であっても,少数組合との合意が労働協約として組合員に適用されることはありうるし,また,過半数代表の締結した労使協定が結果として少数組合員を含む全従業員に及ぶものである以上,労使協定の内容について意見を述べてそれを反映させるために交渉を求めることは,通常の団体交渉権保障の範囲内であると考えられる。

　たとえば,高年齢者雇用安定法9条2項の労使協定については,過半数組合には比較的若年者が組織されており,直近の該当者は少数組合員であるという場合,労使協定の締結自体は過半数組合との合意により可能であるとしても,その交渉過程においては,個々の組合員の具体的な再雇用の問題のみならず,前提となる労使協定のあり方についても,少数組合の意見や提案や要求等に対して,使用者は具体的理由を説明するなどして誠実に対応し,さらにその意向を反映すべく努力することは必要である。

　したがって,過半数組合が過半数代表である場合,その交渉過程において使用者は中立保持義務にもとづいて,過半数組合に対するのと同様の情報提供等を行い,申し入れられた交渉に応じなければならない。また,過半数代表者が過半数代表になる場合でも,当該事業場に少数組合が存在する場合には,労使協定に関する交渉日程等を通知するとともに,当該組合からの団体交渉申入れ

---

21) 道幸哲也「混迷する団交法理」労旬1747号(2011年)12頁。
22) 同上12頁。

に並行して応じる義務がある。

　なお，以上のことは，労使協定がすでに過半数代表との間で締結された後に少数組合が団体交渉を申し入れた場合でも，同様に妥当するであろう。この点については，「少数組合である以上，……過半数組合が労使協定を締結した場合には，その枠内での交渉ができるにすぎない」との解釈も示されているが[23]，締結されている労使協定の適用除外や内容の検討も含めて，交渉自体を制限するべきではない。

　(3)　団交応諾義務（誠実交渉）の内容

　問題は，こうした団体交渉に応じる場合に，使用者がいかなる対応をとれば誠実に交渉に応じたことになるのかという，使用者の団交応諾義務の範囲や内容にある。この点では，過半数代表に協定締結権限が排他的に与えられていることからすれば，少数組合との団体交渉における使用者の誠実交渉義務の内容にはやはり限界があるだろう。

　たとえば，交渉過程において過半数代表との交渉を優先することや，過半数代表との交渉結果に重点を置くことは，誠実交渉義務には反しない。このことは，過半数組合との関係でいえば使用者の中立保持義務の問題になるが，中立保持義務の限界を設定した日産自動車事件・最高裁判決の枠組みにも合致していると思われる[24]。

　実際には，いくつかの労働委員会命令で述べられているように，たとえば高年齢者雇用安定法9条2項の労使協定でいえば，「労働者代表との協定が定める継続雇用制度の導入の必要性，労働者代表との協議の経緯，定年延長などの他の選択肢を選ばなかった理由，組合員を継続雇用する余地があるかについての真摯な検討の結果などを組合に説明し，自らの主張を根拠づける資料を組合に提示する」などの[25]，説明義務を尽くすことが主な内容になると考えられる。また，過半数組合でないことから「再雇用基準の設定に係る労使協定の当事者とはなり得ないとしても」，少数組合が「基準の内容ないしその運用に当たっ

---

23)　盛・前掲書315頁。
24)　日産自動車事件・最三小判昭60・4・23民集39巻3号730頁。
25)　ブックローン事件・中労委決平21・3・4別冊中労委時報1374号1頁。

て，組合員の再雇用の可否について団体交渉を申し入れて」いる場合には団体交渉に応じるべきとの判断も示されている[26]。

　もっとも，このように労使協定に関する少数組合の団体交渉権の制約が不当労働行為にあたるとしても，過半数代表との合意によって労使協定の締結が認められ，法規制の解除効果が発生する以上，少数組合との交渉が行われなかった場合の労使協定の効力が否定されるという解釈は難しいであろう。したがって，そうした使用者の対応は，労使協定で法規制が解除された事項について定める就業規則の合理性判断において考慮されるべきである。

IV　就業規則の合理性判断における労働組合の関与

　集団的労働条件決定におけるもう1つの問題は，就業規則の機能強化である。就業規則は今日，集団的労働条件決定システムにおいて重要な位置を占めるようになっているので，労働組合の団結権・団体交渉権との関係では，意見聴取と団体交渉の関係や，不利益変更における労働協約との関係など，多様な角度からの問題が存在するが，本稿では，就業規則の契約規律効に関わって，とくに不利益変更の合理性判断に焦点をあてて検討する。

1　合理性判断における検討の視角

　労働契約法10条は，労働者が就業規則の不利益変更に同意しない場合であっても，合理性と周知を要件として変更された就業規則の内容が労働契約の内容になることを定めている。そして，その合理性判断の要素として，変更の必要性や不利益の程度，変更内容の相当性などとともに，「労働組合等との交渉の状況」という要素が含まれている。

　合理性判断の要素である「労働組合等との交渉の状況」をどのように解するかは，集団法の観点からは，労働組合の団結権・団体交渉権保障との関係でも重要な意味を持っている。この点について，たとえば行政解釈では，「労働組

---

26)　むさしの生コン株式会社事件・東京都労委決平20・6・17（中労委HPデータベース http://web.churoi.go.jp/mei/m10437.html）。

合等事業場の労働者の意思を代表するものとの交渉の経緯，結果等をいう[27]」とされているが，従来からの裁判例で見ると，ここには，労働組合との交渉が意味ある程度に十分に行われたかという手続的側面と，その結果として労働組合が不利益変更にどのような意向，すなわち賛否を示したかという内容的側面とが含まれている。

なお，「労働組合等」の範囲について，行政解釈では，「労働者の過半数で組織する労働組合その他の多数労働組合や事業場の過半数を代表する労働者のほか，少数労働組合や，労働者で構成されその意思を代表する親睦団体等労働者の意思を代表するものが広く含まれる[28]」とされている。しかし，労働条件の決定や変更に関して親睦団体等が労働者の意思を代表するという解釈は，それがよほどの内実を伴って実質的にその機能を果たしていると評価しうるきわめて例外的な場合にしか妥当ではない。また，過半数代表者も，労使協定などの制度の中で作られた代表であることからすると，労働条件の決定や変更に関わる代表として位置づけるのは適切ではない。

以下では，労働組合の関与を前提としてさらに検討する[29]。

(1) 手続的側面

手続的側面では，就業規則を改訂してその内容を不利益に変更する場合に，労働組合との団体交渉を誠実に行ったかどうかが重要な判断要素になる。就業規則の改訂にあたって使用者が団体交渉を申し入れる義務があるか否かについては，学説においても説の分かれるところであるが，労働組合が存在する場合には，その団結権・団体交渉権を尊重すべきとの要請から，これを肯定的に解すべきである[30]。したがって，十分な交渉を行う前に就業規則を一方的に変更することは，就業規則の効力を否定するものではないとしても，不当労働行為にあたるとともに，合理性判断においてマイナス評価を受ける。

その場合，過半数ないし多数組合のみが存在する場合には，その組合との交

---

27) 労働契約法施行通達（「労働契約法の施行について」平成20・1・23・基発0123004号）。
28) 同上。
29) 労使協定の対象事項が就業規則に規定された場合の合理性判断においては，労使協定の交渉過程における使用者の対応が，合理性判断において考慮されるべきである。
30) 西谷敏『労働組合法〔第2版〕』（有斐閣，2006年）316頁。

渉になるが，当該事業場に過半数組合と少数組合が併存する場合には，中立保持義務にもとづいて，いずれに対しても情報を通知して団体交渉を申し入れることが求められる。また，当該事業場に過半数組合が存在せず，少数組合のみが存在する場合，少数組合ではあっても労働組合が存在する以上，同様の手続が求められる。

なお，労働契約法10条でいう「労働組合等との交渉の状況」という要素については，従業員の意思を「代表するもの」との交渉が想定されているが，不利益を被る直接の対象となる労働者が労働組合に組織されていない場合なども考えると，そうした労働者への説明や協議の実施状況も，広く手続的要素に組み入れて解釈すべきである。

(2) 内容的側面

内容的側面では，この要素が合理性判断における他の要素との関係で重視されるべきか否かがさらに問題になりうる。この場合も，労働組合の存在の仕方によって問題を考えてみる必要がある。

結論的に言えば，前述の手続的要素については，合理性判断において重視されるべきである。つまり，集団的労働条件決定システムにおいては労働組合の団体交渉・労働協約による労働条件決定が基本であると考えると，労働組合が存在する場合にそれとの団体交渉を十分に行わずに就業規則を不利益に変更することは，合理性判断においては強いマイナス評価をうけるべきである。この点については，合理性判断のマイナス要素というにとどまらず，就業規則による不利益変更の効力を否定するという考え方もありうるが，労契法10条の判断要素の中でそこまでの意義を与えるのは難しいであろう。

これに対して，労働組合等が賛否いずれの意思を示したかという内容面の要素は，合理性判断においてはあくまで総合判断の一要素として位置づけ，問題となっている労働条件の内容に応じて判断するべきである。

2 多数組合の同意

問題は，合理性判断の要素として多数組合の同意を重視すべきか否かという点である。労働組合の関与という要素については，これまで主に多数組合の同

意をどう評価するかが議論の中心であったが，労契法10条の「労働組合等との交渉の状況」という要素は，少数組合の対応も同様に位置づけて判断することをその内容としていると解釈すべきである。

　就業規則の不利益変更に関する判例では，多数組合の同意によって労使の利益調整が行われていると推定する考え方が示されたり，それとは異なる判断が示されたりしたことから，多数組合の同意にかかる判例の立場をどう解するかが議論になってきた[31]。また，解釈論や立法論においても，多数組合との合意がある場合には合理性判断においてこれを重視すべきとの考え方が有力に主張されている[32]。

　しかし，労働者間の利益状況が異なる場合に，多数組合の同意によって当該変更事項についての利益調整が行われているとは必ずしも言えない場合が存する。たとえば，組合員資格のない管理職労働者に最も関係する労働条件事項が問題になっている場合や，当該労働者が少数組合員である場合である。もちろん，多数組合の同意を重視できる場合もあるが，それはあくまで問題となっている事項に応じて判断すべきであり，就業規則による労働条件の統一的・画一的決定の要請を過度に重視すべきではない。また，統一的・画一的な決定が必要な場合であっても，その決定にあたって少数者の利益をどのように調整するかが重要であるという本稿の立場からすれば，その役割は多数組合が他を代表して行うものではなく，使用者が担うべき役割であると考えられる。したがって，不利益変更に対する労働組合の意向は，多数組合のみではなく，少数組合の意向，さらには非組合員の意向も含めて，事案に応じて考慮の度合いは異なるのであり，その意味で，合理性判断要素としては他の要素と同等の一要素であると位置づけるべきである。

31）　この問題をめぐる判例については，唐津・前掲書173頁以下。
32）　菅野・前掲書129頁，荒木尚志『労働法』（有斐閣，2009年）333頁，土田道夫『労働契約法』（有斐閣，2008年）506頁など。野川忍「就業規則と労使協定（下）――労使協定機能の法的合理化」ジュリスト1052号（1994年）146頁以下は，「制度説」の立場から過半数組合（代表）の同意の存否を重要な要素とされる。

シンポジウム（報告⑥）

V　まとめ——立法論的課題

　以上のとおり，本稿では，個別的労働関係法において多数決原理にもとづく集団的労働条件決定の機能が広がる中でも，複数組合主義にもとづく団結権・団体交渉権の平等な保障という集団法の原則とできる限り整合的であるべきこと，そして，多数決原理における少数意見の意義を指摘し，決定にいたるプロセスで少数者の意見を反映しうることが重要であることなどを述べてきた。

　しかし，現行法を前提とした解釈に限界があることはたしかで，矛盾点が生じることも否定しえない。したがって，今後のあるべき方向性としては，個別的労働関係法の分野での過半数代表制の継続ではなく，従業員代表制の立法化によって，事前の集団的な利益調整メカニズムを構築し，集団的労働条件決定システムの実質化をはかることが望ましい。

　その場合，1つには，現行法のように過半数組合が過半数を組織することをもって自動的に過半数代表となる制度は修正し，多様な利益に対応した代表から従業員代表制度を構成することが必要である[33]。すなわち，少数の意見をも多数が代表するという構造によってではなく，少数の意見は少数の代表によって表明される場があり，その場で可能な話し合いと調整が図られることが，集団法との整合性においても重要である。たとえば，過半数組合，少数組合，非組合員のそれぞれの代表が選出されるような構造が考えられる。

　もう1つに，そうした構成において，問題となる事項にそくした決定方法をとることが必要である。たとえば，特定の範囲の労働者のみに関わる事項であれば，その集団の意向を前提に協議がなされるようなシステムが考えられる。

33）立法論においても，使用者と実質的に対等に交渉しうる労働者代表であることが重要であり，諸権利を保障された労働組合がもっともそれに適した代表であることは言うまでもない。この点につき，現行法の下では，実際には過半数組合が交渉力をもって条件を獲得していることから，そのシステムを再考することによって交渉力を弱めることになるとの指摘もある。しかし筆者はなお，労働組合の関与が優先であるとしても，多様な利益を複数の組合が代表し，また組合以外の代表の関与をも保障しうるシステムを構築すべきであると考えている。そうしたシステムでの対等性の確保を，さらに具体的に検討してみたい。

従業員代表制の立法構想については，すでに多くの議論が展開され，具体的な提案がなされているが，上の2つの視点などを考慮しつつ，この点についてはさらに検討を深めたい。

（おくだ　かおこ）

《シンポジウムの記録》
労使関係の変化と労働組合法の課題

1 労働組合のあり方

● 従業員代表制と労働組合との関係

中窪裕也(司会=一橋大学) ただ今からシンポジウムを始めます。直前になって出された質問票が多かったので,整理に少し手間取りましたが,それぞれの質問について,報告者から順番に回答をいただくことにしたいと思います。

まず,久本報告について,3つの質問が出されています。

最初に大阪市大の根本会員から,「時間の関係で十分にお話を聞けなかった従業員代表制についてお聞きしたいと思います。従業員代表制に二の足を踏む労働組合は,組織基盤の拡大意欲がほとんどないと書かれていますが,従業員代表制の内容によっては,むしろ労働組合不要論が強まるかもしれません。従業員代表制と団結権(憲法第28条)との関係をどう考えるかは法的には重要な論点でありまして,団結権を侵害しないようなかたちで従業員代表制を設計することが大切になると考えています。労働経済学の分野では,従業員代表制と労働組合との関係についてどういった議論がなされているのでしょうか。教えてください」ということです。久本会員からお願いします。

久本憲夫(京都大学) 貴重な質問をどうもありがとうございます。時間の関係で,従業員代表と過半数代表に関しての説明をほとんどしませんでした。私は法学者ではないということもあり,実際にどのようにして機能強化できるのかを考えています。

スライドで見せましたけれども,中・小の労働組合の組織率は,ある意味では悲惨なほど低いです。では,何もしなければ労働組合を組織化してくれるのかというと,それは恐らく無理でしょう。この点については,私は,ある意味で絶望していると理解してください。

従業員代表を実質化するには,むしろ複数制が大切であろうと言いました。1人で決めるのは非常に大変なので,文殊の知恵でもありませんけれども,何人かで決めるシステムを作る必要があるのではないでしょうか。

もう1つは,ほかのところにも書きましたが,いわゆる従業員代表や過半数代表者には厳しいかもしれませんが,従業員に対して説明責任を課すことを考えてはどうかと思っています。

どういうことかというと,政治的な民主主義においても,選挙で選ばれたあとは国民に何も知らせなくてもよいというのは,民主主義ではないと思います。これは労働

組合でも同じで、組合員に対して何も知らせなくてもよいという話にはならないはずです。執行部と組合員とのコミュニケーションが非常に重要です。

それは過半数代表でも全く同じだと思います。つまり、「過半数代表で選ばれた人は、従業員に説明する必要がある」と考えることが非常に重要ではないかと思います。代表者の選出においても、経営者から推薦されている過半数代表者が少なくないと思いますが、それ以上に問題なのは、そういう過半数代表者が結んだ協定内容を従業員の誰も知らないという事実です。こうした状況をなくすためには、従業員への周知義務を課すことを考えてもいいのではないかと思っています。

また、質問にありましたように、「組合が不要になるのではないか」と言われますけれども、そういうことを恐れていては、労働組合運動はできないと思います。この場には組合関係者もおられると思いますけれども、組合運動家としては、それはあまりにさみしい話です。

むしろ過半数代表制をちゃんとやることによって、ある意味では組合活動となじみができるわけですし、オープンショップで少ししか組合員がいない少数組合であっても、過半数代表を使うことによって非常に強力な力を持ち得るわけです。ある意味では、それを通じたかたちで組合運動が活発化するはずです。過半数代表者がやれることと、労働協約、労働組合にしかやれないことは分かれているわけですから、組合からすると、組織化手段として使えるのではないかと思っています。

私は別に労働組合主義者ではありませんが、そういうことを恐れる労働組合は非常に変だというのが率直なところです。基本的には、むしろそういうことによって労働者の労働条件をちゃんと守らせて、環境をよくするというアクションを取るべきではないかというのが、この質問に対する答えになります。使用者にとってもまともな労使コミュニケーションができることは悪いことではありません。

中窪（司会） 根本会員、今の説明でよろしいでしょうか。

根本到（大阪市立大学） はい、いいです。

中窪（司会） ありがとうございました。次に、監督署OBの中田会員から久本報告に対して、「日本では、大企業では労働協約でユニオン・ショップ協定を結んでいるから組織率は高いと思います。にもかかわらず、今では全体の組織率が18.5％ということですが、ユニオン・ショップ協定の締結率はどうなっていますか」という質問がありました。

久本（京都大学） これは協定を調べている調査なので、その中でのユニオン・ショップの締結率ということになります。企業規模別に見ると、5千人以上は67.9％、千人から5千人未満では77.4％です。オープンショップのところも結構あります。ただ、やはりユニオン・ショップのところは組合員規模が大きいわけで、組合員を千人以上抱えている労働組合は、9割強がユニオン・ショップです。ですから、ユニオン・ショップが、ある意味、日本の労働組

シンポジウムの記録

合組織を支えているという点は，従来とそれほど大きな違いはないのではないかと思っています。

中窪（司会） 中田会員，よろしいでしょうか。

中田正道（元佐野労働基準監督署） はい。

● 同一労働同一賃金と公平な格差

中窪（司会） もう1つ，久本報告について，弁護士の吉田会員からの質問ですが，これは少し難しいです。「同一価値労働同一賃金の理念を念頭に，『公正な格差』を論じることは，重要な提起だと思いますが，公正か否かを判断するには，労働の価値を評価し比較するための基準が必要だと思います。しかし，依然として年功賃金が主流のわが国では，新しいブルーカラー層である非正規労働者を含めて，労働の価値を評価し比較する基準を確立することは容易でないと考えますが，先生は，どのような展望，方向性をお考えなのでしょうか」ということです。

久本（京都大学） 非常に難しい質問をありがとうございました。これ自身，皆さんとともに考えていきたいので，今日は問題提起だと考えていただければありがたいと思います。

ただ，経済学者の観点から見ると，労働市場が違うことをしっかり認識しておく必要があります。同じ労働市場ならば，使用者は当然「同一労働同一賃金」を追求します。同じ仕事ならば安い賃金で雇用したいのは当然のことです。年功賃金と言われていましたけれども，恐らく，「企業内労働市場の賃金・処遇体系を破壊しろ」という議論にはならないでしょう。それは，日本の労働者をすべて非正規化するという話にしかならないし，企業は，それを求めていません。

ただ，労働組合の組合員を増やす，企業内の組織率を上げるという観点から考えると，間接雇用の話もありますが，とりあえず，直接雇用に限定しても，公正な処遇格差とはどの程度なのかという議論を積極的に，従業員のなかでおこない，納得できるラインを考えることが大切です。そうしなければ労働組合は少数者の組織になってしまいます。職場の多数の労働者を包み込む政策が必要です。公正な格差の程度は，恐らく，業界によって違うのではないかと私は思います。流通関係だと，割とやりやすいような気がしますけれども，製造業は，かなり難しいという気はしています。

ただ，それも，いわゆる1つの原理というか，公正な基準が，ぱっと出るという簡単なものではないと思います。新しいノーマルな基準を作り出す必要があって，これは，まさしく現場の人々の努力によっているのではないでしょうか。私たちは，それをサポートする立場で議論に参加したいと思っています。

非常に抽象的なことで，説明になっていないかもしれませんけれども，公正な格差とは何かという議論をすべきではないか，それがあまりにもされていないのではないかというのが，私の今回の報告での問題提起になります。以上です。

中窪（司会） このような答えをいただきましたが，吉田会員，よろしいですか。

吉田肇（弁護士） 結構です。

中窪（司会） 久本報告について出された質問は以上ですけれども，そのほかに，この場で特に質問される方はおられますか。よろしいですか。

2 コミュニティ・ユニオン

● 交渉代表制，多様な個別紛争処理システム

中窪（司会） それでは名古会員の報告に移ります。

まずは，九州大学の野田会員から3点について質問をいただいています。

1つ目は，「コミュニティ・ユニオンの団体交渉が職場全体の労働条件の改善に寄与していることについて，そのような評価を立証できる資料はありますか。例外的な事例ではありませんか」という質問です。

2つ目は，「交渉代表制の方式は多様であると思われますが，交渉代表制は，すべて憲法違反になりますか。団交権の保障と交渉代表の方式の問題は，別問題と考えるべきではないでしょうか」ということです。

3つ目は，「駆け込み訴えなど，コミュニティ・ユニオンの主要な役割は，個別労働紛争の解決システムがなお十分に機能していないことによるのではないかと思われますが，これを『積極的に評価』と考えてよいのでしょうか」という質問です。

名古道功（金沢大学） 質問をどうもありがとうございます。まず，第1番目ですけれども，これを実証した資料があるかと言われると，ありません。私が聞き取り調査をした中で，必ずしも個別的な解決にとどまらないケースがあったので，紹介しました。

確かに，公にしないという解決方法にすると，職場全体には広がりませんが，他方で，全体的に広げるようなやり方をしたら，集団的な側面があるのではないかということで，報告において紹介しました。ですから，例外的かどうかは，何とも言いがたいということでご理解いただければと思います。

第2番目ですけれども，私は，排他的交渉代表制を前提に考えてみました。そのときに，団交権だけではなくて，団結権と団体行動権にも影響があるのではないかとの観点から，労働三権と絡めて報告しました。

今回の調査を踏まえて，特にコミュニティ・ユニオンの団交権は団結権を発揮・維持するにあたって非常に重要な機能を果たしていることを前提に考えてみたということが1つです。また団交を通じての労働条件への実質的な関与の点を重視して，私は，排他的交渉代表制に否定的な報告をしました。ですから，多様な交渉方式というところまでは十分に考えていないので，どういう交渉方式があるのか教えていただければ再考したいと思っています。

第3番目ですけれども，現行の個別紛争制度をどう評価するのかと関係しています。私は，多様な制度が整備され機能している点は評価できると報告しました。これまで泣き寝入りしていた労働者が解決を求めや

すくなりました。時間がなかったので十分に説明しませんでしたが、私は、「迅速性」、「費用が安い」、「実効性がある」という3つの観点から現行の制度を検討しました。

レジュメの「表1」を見てください。これは解決率ですけれども、私は、この表を見て、「結構高いな」という印象を持ちました。平成22年度は、労働委員会の斡旋での解決率は64.9％、都道府県の場合は、平成21年度ですけれども66.2％、労働局は低くなりますが39.2％、労働審判になると79.9％です。

また、処理期間ですけれども、労働委員会の斡旋は、1カ月以内が47.1％、2カ月以内を含めると9割ぐらいです。都道府県や労働局も同じぐらいです。労働審判になると、2カ月を超えるケースが少なくありませんが、この表を見ていて、結構迅速で実効性がある解決がなされていると考えました。

他方、特に労働局等への民事上の個別相談が約25万件あります。ですから、紛争解決の委員会に上がってこないものも結構いろいろあるでしょう。これをどう評価するのかということでは、まだまだ問題が残っているのではないかと思います。

特に、コミュニティ・ユニオンに駆け込むような労働者は、非正規の人が多くて、こういう制度自体がなかなか知られていないという問題点もあります。

また、これも聞き取りで言われましたが、まず、相談するのは監督署だということです。ただ、そこにはサポートする人がいないので、全部ではないと思いますけれども、「1人でやってください」という対応がなされるところもあるということです。ですから、どのぐらいアプローチしやすくしていくのかという課題は残っているだろうと考えています。以上です。

中窪（司会）　こういうお答えですけれども、野田会員から何かありますか。

野田進（九州大学）　結構です。

● 二重加入の是非

中窪（司会）　次に、関西大学の川口会員から名古報告について、「労働組合が二重加入を禁止することも、当該組合及び当該組合の組合員の団結権に含まれるもの（組合自治）で、労働者の二重加入権を認める必要はないのではありませんか」という質問が来ています。名古会員、いかがでしょうか。

名古（金沢大学）　趣旨を説明していただけますでしょうか。

中窪（司会）　川口会員、お願いします。

川口美貴（関西大学）　基本的には書いたとおりですが、名古会員のお考えだと、労働者個人の団結権の中には、当然二重加入権が含まれ、当該組合が、例えば組合規約等で二重加入を禁止していても、その権利を制限できないという見解だと思います。

しかし、そこに書いたように、当該労働組合、あるいは当該労働組合の構成員である組合員たちの団結権の一部として、具体的に当該組合をどのようなかたちで運営していくのかという決定権、組合自治も含まれると思います。

労働組合によって方針がいろいろ違う場

合もあるでしょうし，いろんな会社なり，周りの状況等で，二重加入の組合員がいると，組合の運営としてどうかという判断をすることもあり得ると思います。ですから，論理的整合性を考えると，団結権の中に二重加入権が含まれると言う必要はないと思います。

少なくとも，当該労働者が別組合に入っていれば，現在の判例法理では，ユニオン・ショップ協定の適用もありませんし，別組合にも，当然，団結権，団交権，労働協約締結権等，すべて平等に保障されているので，それに加えて，先ほど言ったような当該組合のいろんな状況や組合自治をあえて無視して二重加入権を認める合理的な理由はないのではないかと思って質問させていただきました。

名古（金沢大学） どうもありがとうございます。確かに，ユニオン・ショップ協定は，他の組合に及ばないということもありますし，二重加入を認めると，不都合がいろいろ生じてくることについても考えました。

他方で，二重加入を認めるメリットもあるのではないかということです。確かに，法的にはユニオン・ショップ協定でも団体解雇無効ですけれども，現実的な問題としては，そういうことが実際に起こり得るだろうということです。それと，実際，共済というメリット等もあるので，そういう点で，私は個人の団結権を優先しました。不都合があれば，統制消去すればいいのではないかと考えました。ですから，少し考え方の違いがあるのだろうと思います。

中窪（司会） よろしいですか。考え方の違いもあるようですが。

川口（関西大学） 考え方の違いというか，当該労働者にとってメリットがあるのはわかります。そういうメリットもあるし，組合のいろいろな状況もあるので，それを法的にどういうかたちで解釈するのが論理的整合性があって，結果的妥当性があるかという問題です。そういう点で，私としては納得がいかないということです。もちろん，見解の違いはあると思います。

名古（金沢大学） 私は，統制権は結構強い権限だと考えています。不都合が生じたら，除名できるということです。

川口（関西大学） 統制処分に至る前に既に何か不都合が生じたときには，除名しても取り返しがつかないこともあると思うので，二重加入を認めるかどうかは事前に当該組合の組合自治に委ねるべきではないかと思います。

● 街宣活動等の実態と正当性

中窪（司会） 名古会員については，もう1件，先ほどの吉田会員から，「いわゆるコミュニティ・ユニオンが個別労使紛争の解決に向けて一定の役割を果たしていることは，実務に携わる者として同感なのですが，当該会社の組合員数が一部にすぎないため，争議行為を背景とした団体交渉は望めず，勢い，話し合いというよりも糾弾による屈服や過激な街宣活動等，実力で相手を屈服させる活動に至る例が，残念ながら散見されます。健全な労使関係を創ることには資さないと思います。そのような

行き過ぎた活動は，むしろ自重し，地労委や他の個別紛争処理システムや労働審判等をユニオンもより積極的に活用し，適正なルールと手続に従った活動を遂行すべきではないのでしょうか」という質問です。

名古（金沢大学） ご質問をどうもありがとうございます。確かに，私も判例を見ていたら，かなりやり過ぎだという組合がありました。しかし，今回調査した組合を見てみると，そんなに過激なことをやっていません。調査において，新しい理論的問題が生じる活動をしているかと期待していましたが，残念ながら，そういう問題は出てきませんでした。そういう点では，コミュニティ・ユニオンは，全体的にそれほど過激なことをせずに，ここに書いてあるように，散見されるような組合であるかと思います。

質問等にもかかわりますが，こういう自主解決をどう評価したらいいのかということです。私は，多様な紛争解決の中の1つとして位置付けられると考えています。特に重要なのは，駆け込むには駆け込む理由があるので，そういう人たちに対してのサポート体制です。コミュニティ・ユニオンに行くと，十分なサポートがあるということと，サポートを受けながら，自ら積極的に参加して自主的に解決するというメリットもあるので，法的な制度とはまた別個に意義があるのではないかと考えています。

中窪（司会） 今の答えに関して，ご自身の体験なども含めて，吉田会員から何かコメントがあれば。

吉田（弁護士） 体験というほどのこともありませんし，基本的に名古会員の先ほどの説明で納得しましたので，そのとおりだと思います。

私が書いた質問の趣旨ですが，確かに，団体交渉のルールに従って，適正に話し合いをして，紛争の自主的解決というコミュニティ・ユニオンの役割を果たすということであれば，それでいいのです。もちろん，それでもデッドロックに乗り上げてしまう例も，確かにあろうかと思います。

しかし，そういった場合であっても，先ほども例にあったような過激な街宣活動とか，さまざまな行き過ぎた活動ではなく，むしろコミュニティ・ユニオンは，（実際に行っている例もありますけれども）労働審判とか，費用がかからない地労委のあっせん等を利用，紹介，助言する等の方法で，なかなか相手が譲歩しない場合でも，適正なルールに従って紛争を解決するように従業員をサポートすべき役割があるのではないかという趣旨です。

中窪（司会） ありがとうございました。名古報告についていただいた質問は以上ですけれども，そのほかに，この場であれば。はい。最初に，所属とお名前をお願いします。

大野義文 大野です。所属はありません。労働基準監督官をやっていたので，退職してからあちこちの合同労組の組合に呼ばれて，付き合いがあります。

コミュニティ・ユニオンにかかわって，先ほどお2人の言われた「行き過ぎた活動」とか「過激」と言われますが，マイナスに評価しているのでしょうか。労使関係

は，あくまで対抗関係です。私が聞いた合同労組の中では，相手方の企業のやり方があまりにも理不尽な状況があります。こちらは正式に団交を申し込んで，きちっと話し合いで解決しようとしても，企業間労組に対する使用者の嫌悪感も絡むかたちになります。そういう中での街宣活動とか，お2人が言われる過激とか行き過ぎた活動，私は，そうは思いませんけれども，そうなっているわけです。ですから，その辺のところを労使関係の中できちっと見ていく必要があるのではないかということです。

もう1つ，この図の体系の中では，労働審判なり個別紛争は，あくまで個々の労働者と使用者との紛争になっています。あくまで団結，いわゆる労働組合としてどう考えていくかということであれば，組織化を目指した合同労組なりコミュニティ・ユニオンなりの活動がもっと活発になって評価されていくべきではないかと思います。そこら辺をどうお考えかをお聞かせ願えたらありがたいと思います。

名古（金沢大学） 質問をどうもありがとうございます。第1番目の点ですけれども，私は，街宣活動の正当性の判断では，2つの観点から考えていくべきだと説明しました。1つは，表現の自由というか，言論の自由との関係です。もう1つは，組合活動権は「憲法第28条」で保障されていますから，通常の場合よりも，もっと広く保護されるだろうと。そういう2つの点からして，言われたように，使用者側の対応に問題があったら，それだけ正当性判断を緩く考えていいのではないかと思っています。

第2番目の質問ですけれども，確かに私も，そういう話はよく聞いています。個別紛争の解決から組合員を増やして，団結を強化することは重要な点だろうと思います。他方，個別紛争は，本来予定していた集団的な紛争とは，また別個の側面もあるのではないでしょうか。それで，最後のところでは，労働組合法の課題からはずれますが，紛争解決というところで，個別紛争の中で，こう位置付けたということです。

ですから，私は，コミュニティ・ユニオンを評価しないのではなく，どちらかというと積極的に評価しているほうです。ただ，あまりやり過ぎはよくないということです。

● **個別の労働条件と団体交渉**

中窪（司会） よろしいでしょうか。そのほかにいかがでしょうか。

濱口桂一郎（労働政策研究・研修機構）
労働政策研究・研修機構の濱口です。質問というより簡単な感想みたいなものですが，基本的に集団的な性質の労働条件をどう決定するかという労働条件決定システムの問題と，職場でいろいろと発生する紛争をどう解決・処理すべきかという紛争処理システムの問題を分けたほうがいいのではないでしょうか。そもそも労働組合はかくあるべきとか，紛争処理は公的なものであるべきという建前的な議論をするよりも，そこで何をしようとしているかという基本的なことで考えたほうがいいと思います。

少なくともこれまでのところ，個別紛争処理システムとしてコミュニティ・ユニオンが一定の機能を果たしていることは間違

シンポジウムの記録

いありません。と同時に、その問題と、例えば、集団的労働条件決定システムとして、過半数組合の権限をどう考えるべきかといった議論を過度に絡ませないほうがいいのではないか、ということです。

名古（金沢大学） 質問をありがとうございます。今のところは、私も報告をしながらずっと悩んでいたところです。集団的労働条件決定システムと少数組合をどう考えたらいいのかということですが、十分に考えが固まらなかったもので、省略しました。

今の点にかかわって、報告できなかったことを補足すると、個別紛争が集団化というか、コミュニティ・ユニオンに持ち込まれることをどう評価するか。個別紛争をもう少し防止し、そこに至るまでに何とかできないかということです。紛争を生じさせる企業では労使コミュニケーションが全くありません。従業員代表制を含めて、組合の存在しない企業において、従業員の声を反映させる制度をどう作っていくのかを考えていく必要があると思いました。

中窪（司会） 濱口会員、よろしいですか。では、後ろで手が挙がっています。

宮里邦雄（弁護士） 今の論戦に少し参戦したいと思います。私は、団交権の機能は、集団的に労働条件基準を決定することにあるということを前提にして議論すること自体が、本題にあまりそぐわないのではないかと思っています。組合員の個別の利益、個別の労働条件、個別の問題の解決も、団体交渉権の重要な機能です。コミュニティ・ユニオンがやっているのは、まさにそういうことだと思います。

団体交渉は、集団的な基準決定が本来の機能で、個別の問題は例外的だという捉え方があるように思いますけれども、そうではないと思います。個々の組合員の個別の救済も、労働組合のそして団体交渉の重要な機能であり、このことも団体交渉権によって保障されているという考え方を採るべきではないでしょうか。このような考え方は、コミュニティ・ユニオンの存在価値を理論的に裏付けることにもなると思います。

名古（金沢大学） どうもありがとうございました。私も、それに別に異論があるわけではありませんが、従来、企業別組合を前提にして考えてきて、従業員代表的な機能も組合が果たしていました。本来でしたら、欧米のように、産業別組合、企業外での集団的な労働条件決定、企業内での従業員代表に分ければわかりやすいですが、そこら辺が一緒になっている点で、私からすると、「どうも従業員代表的な機能のほうに偏っているな。むしろ集団的な労働条件決定をどうしていくのかな」と考えています。

私としては、コミュニティ・ユニオンが提起するのは、企業の枠を超えた集団的労使関係だと考えています。これをどう構築して、横断的に労働条件を規制する方向に持っていくべきかということが課題であると考えています。

3　労働組合法上の労働者性

● 労働組合法上の労働者性判断基準

中窪（司会）　そのほかにご質問はありますか。よろしければ、皆川報告にも3つの質問が来ているので、そちらに行きます。実は、そのうちの2人は、同じ事項についての質問です。

1つは、学習院大学の橋本会員から、「ご報告を伺って、皆川会員は、労組法上の労働者の判断要素として、企業組織への組み入れと契約内容の一方的決定の2つの要素から判断するという考えに至っていると理解しましたが、このような理解で正しいでしょうか。もし正しいとすると、この2つの要素だけでは労働者の範囲が広すぎるのではないかとも思いますが、いかがでしょうか。もう少しご説明ください」ということです。

また、関西大学の川口会員からも、「労組法上の労働者性判断の要素として、契約条件が一方的に決定されていたことと、事業組織への労働力の組み入れを挙げられましたが、なぜこれを充足しなければ労働者性が認められないのか、その理由を説明してください」という質問が出ております。こちらのほうは、むしろ狭すぎるというご趣旨のように感じられます。

まずは、皆川会員から答えていただきます。

皆川宏之（千葉大学）　質問をありがとうございました。まず、橋本会員からの質問にお答えしたいと思いますが、時間が不足しまして、私の説明が十分に伝わっていなかったところもあるかと思います。基本的に私が考えたコンセプトですが、確かに「契約条件の一方的決定」と言いますけれども、付従的な契約にはさまざまなものがあります。その中で、なぜ労働関係、あるいはそれに準ずる関係も含めての話になるかと思いますが、そこに集団的な労使関係、労働基本権の保障を含めた保護が与えられるのかということを考えていったときに、特色として、報酬だけではなく、労務、労働の提供のあり方についても相手方からの、例えば、内容・場所・時期に対する一方的決定の要素があることを考慮すべきと考えています。ですから、表現の仕方が悪かったのですが、そういった場合を「契約内容の一方的決定」というところに含めています。

また、事例によっては、事業組織への組み入れというところで、同じような考慮がなされるべきだろうと考えています。

例えば、本日紹介したINAXメンテナンス事件、新国立劇場運営財団事件については、事案の相違の話も少しいたしましたが、新国立劇場運営財団事件の場合は、まず、一般的な基本契約があって、もちろん、その上で出演の義務のあるなしが問題だったわけですが、それを踏まえて、各歌い手の方は、このスケジュールで、この日に練習ということが、あらかじめ、ほぼ相手方から決められていました。もちろん、事情によっては離脱も可能でしたが、そうした例は少なかったわけです。そういう関係をどう見るかというところです。

結局のところ，この事案においては，依頼に応ずべき関係にあったことを踏まえて，そうした労務の提供の内容・時期・場所等についての一方的な決定があったといえます。ですから，典型的な労働者に対する指揮命令の要素をかなりの程度持った一方的関係が歌手についてありました。そうした特性があるところが，労働契約もしくはそれに準ずる契約による労務供給形態として，集団的労働法による保護を受けるべき関係として適切であろうと考えました。

INAXメンテナンス事件では，事業組織への組み入れというところで労務提供に関する「要請」といった言い方もされていますけれども，そのような修理補修の事業をやるためのコントロールを基本的に受けて労務を提供しているところを踏まえて，その対価であれば報酬の労務対償性というところも裏付けられる，といったかたちで判断していくのがよいと考えています。

ですから，その要素の呼び方を，既に皆さんがご存じの言葉に引き付けて説明したところもありましたので，十分に伝わらなかったかと思います。至らない点だったと思いますが，基本的に，そうした考え方を採っています。

川口会員の質問ですが，今，説明したような労務供給関係で，特に，事業の必要に応じて，相手方から労働力を利用される関係があるところに労働者の要保護性があり，集団的労使関係法の適用が根拠付けられると考えます。

まず，「なぜ自ら労務を提供して報酬を受けるだけでは足りないのか。それで十分ではないか」というところが，ご意見の趣旨かと思いますが，それだと，集団的労使関係を形成するには概念が広すぎるのではないかという意見を持っています。

例えば，私は千葉大学に勤めていて，個人事業者ではありません。労働者です。もっとも，千葉大学との関係では労働者ですけれども，あちこちで講演をしたり，授業をしたり，いろいろなところへ行って講座等もしますので，そこにも自ら労務を提供して対価を受けるという関係があります。その1つ1つの関係について，その相手先との関係でも労働者だから，団体交渉を申し入れて，「報酬とか講演をもっと増やせ」と依頼先に交渉できるところまで団体交渉を認めてよいと言えるかどうか。例えば，1回，2回の講演をするとか仕事をする相手先との関係では，労組法上の労働者ではないだろうと判断しました。

中窪（司会）　そういう答えですけれども，橋本会員，よろしいですか。川口会員，どうぞ。

川口（関西大学）　お聞きした皆川会員の報告は，基本的には今年の7月に出された労使関係法研究会の報告と，かなり近いものです。それについては，もちろん，見解の相違があると思います。

最後に，「1回限りだったら団体交渉を認める必要はないんじゃないか」と言われました。私も，労務供給の相手方が消費者である場合は，労組法上の労働者ではないと考えています。しかし，春の学会でも話したとおり，相手方が事業主の場合は，労組法上の労働者であるとしないと，基本的

に臨時的・一時的な非正規労働者は労組法上の労働者ではないということになり，最も弱い立場の労働者を排除するという結論になります。

なぜ組織への組み込みがなければ，労働者であることを認めないのかということについて，合理的な理由がありません。研究会等でも質問しましたけれども，私としては，納得がいかないところです。

「労働力商品の特殊性」は，生身の人間と切り離すことができないということと，ストックできないので一般的に過剰で労働力の買い手と対等に交渉することができないことにあります。それは，いずれも「自ら他人に対して労務を供給する者」であることから導かれるのであって，「労働者」であると認めるためには，それ以上に，何か特別の指揮監督下にないといけないとか，恒常的・継続的に，あるいは不可欠の業務の内容として組み込まれていなければいけないということは一切出てこないと思うので，またご再考いただければと思います。

皆川（千葉大学）　ありがとうございます。例えば，今，お話いただいた日雇い労働者の場合は，何時から何時まで労務すると決まっている労働者であれば，労働者ということが疑われません。そうなると，その先，新たに雇うよう交渉できるかどうかというのは，義務的な団体事項といえるかどうかの問題と関係してくると思います。

私の今の説明は，話に来いとか来ないとか，値段が5千円とか，1回1回相手方と交渉をして，その都度，需要と供給に応じて労務を提供できるというのであれば，そ

こまでは労組法上の労働者には含まれないのではないかというものです。微妙な違いがあると思いました。

川口（関西大学）　義務的団交事項では，例えば，講演に行って報酬が支払われなかったとか，あまりないことかもしれませんが，講演に行って労災に遭ったときに，未払賃金を支払えとか，労災に遭ったときの補償をどうするかということなど，あとで団体交渉をするべき事項があります。その点から考えると，皆川会員のご見解には矛盾があると思います。以上です。

皆川（千葉大学）　恐らく，そのご見解の前提として，例えば，労災に遭ったとか未払賃金があるとかいう場合には，特に典型的な労働者として既に就労して，そこに労働関係があって，その労働関係が現状では終了しているけれども，その労働関係と関連する問題が継続していて集団的労使関係の対象となる事項がある，というかたちで今まで理解されてきた問題があるのではないかと思います。

中窪（司会）　川口会員，どうですか。はい，では，所属とお名前を。

古川景一（弁護士）　弁護士の古川です。今出た単発のスポットの働き方の具体的な例を話します。例えば，1972年に「職能労働組合日本演奏家協会」（現在の日本音楽家ユニオン）が結成され大会でストライキ権を確立し，NHKに対して音楽実演家全体の出演料を民間放送並みに引き上げるよう要求し，最終的に，大幅引き上げを獲得します。その決め手となったのは，この年の「NHK紅白歌合戦」に出演する2

つの生バンドがストライキ権を構えて、大晦日の数日前まで団体交渉を行ったことです。この生バンドが出演するのは「紅白歌合戦」の1日で、その練習が前の日にあります。現実に、そういう単発のスポット的な働き方の音楽家たちが、そうやって団体交渉をやっているわけです。

本日の報告内容は、そういう現実の団結権・団交権を否定するものではないでしょうか。そこを大変危惧します。

皆川（千葉大学）　ありがとうございます。その場合、「紅白」に1日出るというところでは、契約は成立しています。当然、その日に労働関係が成立しているわけですから、そのときの団体交渉を通じてのストライキは成立するのではありませんか。

古川（弁護士）　本日の報告で言われた組織的な組み入れと契約内容の一方的決定に関して、賃金の決定だけは一方的です。だけど、供給される労務の内容で言えば、音楽の専門家ですから、労務内容の一方的決定等はあり得ません。だから、労組法上の労働者性の判断要素として事業組織への組み入れと契約内容の一方的決定というメルクマールを挙げると、やはり「紅白歌合戦」の生バンドのストライキは違法ということにならざるを得ないのではないかというのが質問です。

皆川（千葉大学）　そこで、労組法上の労働者をどう考えるかということになるわけですけれども、確かに、労基法上の労働者のように何時から何時まで労働するという時間でなくても、その日、少なくとも「紅白歌合戦」の事業を1日継続するための労働力として位置付けられていたという言い方もできます。ですから、その日の働き方が労基法上の労働者に該当しないとしても、労組法上の労働者にはなり得るという具合に、先の要素を採ったとしても説明できると考えます。

古川（弁護士）　そうすると、本日言われている事業組織への組み入れとか契約内容の一方的決定は、そのぐらい簡易なものでもいいと理解してよろしいですか。

皆川（千葉大学）　「紅白」に出る日については、そうではないでしょうか。

● 自営業者の団体と労働組合との関係

中窪（司会）　少しだけコンセンサスが得られたようなので、次に行きたいと思います。大阪大学の水島会員から皆川報告に対して、「職業上の利益を追求する団体と労働組合とは別のものとして理解すべきでしょうか。自営業者の例を想定しています。自営業者と労働組合についての考えをお聞かせください」という質問ですけれども、では、皆川会員からお願いします。

皆川（千葉大学）　非常に的確な質問をありがとうございました。これもなかなか難しい問題ですけれども、私のイメージとしては、やはり職業上の利益を追求する団体は基本的に自営業者の団体であると考えます。自営業者の団体は、さまざまな目的で作られ得ると思います。その自営業者の提供するサービスや請負の内容にもよりますけれども、例えば、顧客を一般のマーケットに広く求める方針でいくのであれば、やはり事業者の団体としての性格を明らか

にしたほうがよいだろうと思います。

　労働組合というと，今日の名古会員の議論等でもいろいろありましたけれども，特に使用者との関係においては，集団的労働条件の決定から個別的な紛争解決まで，交渉の内容は多岐にわたりますし，その組織形態のあり方も多岐にわたり得るというのが基本的な性格だと思います。それに対応していく組織としては，やはり労働組合であることを明確にして，労働条件の交渉，ないし労働条件の決定を行ったほうが，組織形態としては明確ではないかと思います。

　もちろん，重なり合うところがある団体が出てくるとは思います。それを考えるときには，1つ1つの対応する事項について，これは労使関係に係わるもの，これは事業者として顧客との関係に係わるもの，といった具合に区別する必要があります。そのような事項は簡単に切り分けられるものではないのかもしれませんけれども，団体の機能をある程度，明確にして活動することが求められます。例えば，運転手等の事業者団体が，労働組合としての活動もすることが適切である場合も考えられます。労働組合として活動するには，当然，その要件をみたさないといけないわけですけれども。

　もう1つ，私がイメージを持っていたのは，例えば，一般組合として大工さんの一人親方が加入している労働組合です。一人親方が，その組合員となりつつ，基本的には自営業者の形態で仕事を請け負う場合もあります。ですから，基本は労働組合であって，そこに自営業者も入っているというかたちです。その上で，例えば，今日の議論の対象になった新国立劇場運営財団事件のケースのように，クラフトユニオンのような形態をとる労働組合であっても，組合員が労務を提供している先で，ある程度，事業組織の中に組み入れられて労務の供給をする場合があります。一人親方も，下請けのかたちで，そういった労務供給の関係に入る可能性はあるわけですから，そうなったときには労組法上の労働者として，労働組合が集団的な条件決定や災害補償等について交渉することは可能でしょう。

　このようなことは労働組合をベースに考えていましたが，ご指摘いただいたように，事業者団体のベースで労働組合の活動が可能かどうかというのは，検討する余地があるといいますか，非常に興味深い題材だと思います。

　今日の報告でも少し触れましたけれども，例えば，SOHOやテレワーカーに事務作業をアウトソーシングすることは，おそらく，これからもっと進むと思います。企業がそういったさまざまな契約形式を使って，かつ，情報通信技術などをうまく利用して非常に新しいかたちで業務の切り分けを行うことで，労務の提供と利用の結び付き，端的に場所的・時間的な結び付きが，より希薄になっていく労務の供給形態が出てくると思いますので，そのような事業者が組織をどう作るかということは，おそらく，これから1つの課題となるだろうと思います。

　その場合，事業者の団体のかたちをとることも考えられると思います。さまざまな企業やクライアントに会員のスキルを提示して，個人事業者がその都度，契約をする

こともあるでしょう。もしくは，個人事業者が比較的大きな企業の下請けとして，ある程度，事業組織の中に組み入れられて労務を提供する形態もあり得ますので，その場合には当然，労働組合として団交交渉をすることも考えられます。どういう組織を目指すかは，ケース・バイ・ケースで考え得るのではないでしょうか。ただ，労働組合であれば，団体交渉を通じて労働条件の向上が目的の団体ですから，役割はそういった辺りになるかと考えています。

● 委託契約に対する労働協約の規範的効力

中窪（司会） 水島会員，よろしいですか。いただいた質問は以上ですけれども，そのほかにいかがでしょうか。

野川忍（明治大学） 明治大学の野川です。労組法上の労働者性を巡る課題はたくさんあって，今日触れられたのは，その中心的なものだけであることは，もちろん了解したうえで，今日触れられなかった課題で，かなり重要ではないかと思われることを1点だけ質問します。

引用された2つの最高裁判決は，労働委員会の救済命令の取り消し訴訟ですから触れていませんけれども，労使関係法研究会報告書では触れている問題が「労組法16条」との関係です。

要するに，「労組法16条」は，「団体交渉のあと，労働協約が締結される」という一般的な労使関係モデルを想定して，その労働協約に規範的な効力を持たせています。そうすると，労働契約ではなく，民事上は委託契約だけれども，その当事者である方々は労組法上の労働者であるとした場合に，その労働組合と使用者が結んだ労働協約に，当該委託契約に対する規範的な効力を認めるのかどうかということです。

これにはいくつか考え方があり得て，「労組法16条」が対象とする労働契約とは，そういう幅広い契約を含むと考えると，労組法上の労働者であることから生じる労組法の包括的な，そういう方々に対する適用が実現されるので，一貫した考えになりますが，そうなると，労働契約という概念がどんどん複雑化します。今でも，民法上の雇用契約と，労基法上の労働契約と，労契法上の労働契約が一緒かどうかという議論があります。それプラス，実は，労組法上の労働契約という別の概念もあることになってしまうという問題が生じます。

逆に，「いや，そうした委託契約に規範的効力まで認める必要はない。労働協約には債務的効力が認められることは明らかなので，それによって処理できればいい」ということになると，それはそれで理論的に説得力がありますが，そうなると，先ほどの裏返しで，「労組法上の労働者」と言いつつ，労組法上の極めて重要な中心的規定，ルールが適用されないことになります。

実務的にも，実際には，例えば，フランチャイズのコンビニエンスストアの店長が組合を作って，団体交渉を要求している例はいっぱいありますが，そういった場合に，具体的な団体交渉の要求事項は，例えば，時間外労働の割増賃金とか，具体的に労基法上の労働者について問題となり得ることや，労働契約上，処理されるべきことにつ

いて団交が要求されています。こうした場合にも当該委託契約に規範的効力を及ぼすということになると、使用者は労働協約の締結を拒否することが考えられます。

そういったことがあるので、この点ご検討ください。今でなくても、私は学会誌の編集委員長なので、学会誌にはぜひ書いていただきたいですし、その中で触れても結構ですけれども、もしコメントがあればお願いします。

皆川（千葉大学）　ありがとうございました。大きくは、野川会員が最初に言われたように、規範的効力の及ぶ対象と考えるほうが、労組法の趣旨を踏まえても、適切だろうと考えています。

例えば、関連して、労組法7条2号の「雇用する労働者」の概念をどう解するかということがあります。労組法のできた時期や立法過程等を踏まえると、野川会員もご存じのように、当初、こうした概念の統一性が図られた形跡はあまりありませんでした。労組法16条の「労働契約」についても、後になって、その文言では、他の法律の概念と一緒になって混乱を来すということで、法的概念としての統一性が問題となってきた面があるとは思います。

労働協約の規範的効力の対象となる契約の内容を考える場合、その契約が委託契約であったとしても、労働協約は労使の合意によって成立するもので、要するに、労働協約の規範的効力が及ぶには、その委託契約に規範的効力を及ぼそうとする当事者の意思がそこに介在します。そうなると、より具体的には、例えば、この委託契約の仕事を1回請け負ったら、どれだけの報酬を支払うといった具合に、労働協約に書かれる労働条件や就業条件の内容から、その委託契約、あるいはその基本となっている基本契約等に規範的効力を及ぼすという労使当事者の合意が読み取れますので、ケースによっては、それを労組法上の労働契約と解釈することが可能ではないかと、今のところは考えています。

しかし、そのことで労働契約の概念が混乱するという問題も確かに起こり得ますので、難しい問題だとは思いますが、労働協約の締結を目的として団体交渉を行うことを助成するという労組法の趣旨を考えると、労組法上の労働契約というのは、やはり規範的効力の対象になる労働者の契約関係のことだと捉えたほうがよいかもしれません。

少し雑談になりますけれども、ドイツにおける「労働者類似の者」は、労働協約法の適用対象になります。当然、労働者「類似の者」ですから、その契約関係は労働契約関係ではありませんが、ご存じのように、労働者類似の者は、基本的に自ら労務を提供することで報酬を得る関係で、1人の相手から収入の2分の1以上を得ているという経済的従属性があり、労働者と同様の社会的な要保護性がある者と定義されます。その契約形態はさまざまですが、例えば専属の外務員の契約形態等が典型だと思われます。そのほかにも、例えば、テレビ放送局の下請けで番組制作をする技術者等、それぞれ契約の形式や名称はさまざまですが、ドイツでは、その場合にも労働協約法の適用があります。しかし、労働協約の規範的

効力が及ぶのは，そうした労働者類似の者の契約に関する内容を持った労働協約が締結された場合の話ですので，そうした労働協約がなければ，当然，規範的効力は及びません。

日本も，こうした考え方で対応が可能ではないかと，今のところは考えている次第です。

中窪（司会） よろしいでしょうか。その他，いかがでしょうか。ないようですので，次に木南報告ですが，ここで司会を代わります。

4 労組法上の使用者概念と団交事項

● 労組法上の使用者概念と適用条文

村中孝史（司会＝京都大学） それでは，木南報告に関する議論を始めたいと思います。最初に，中央大学の米津会員から，「労組法上の使用者概念ですが，労組法上の概念，あるいは『労組法7条』の概念，あるいは『労組法7条2号』の概念，どれでしょうか」という質問です。

木南直之（新潟大学） 質問ありがとうございます。使用者概念について，労組法上の概念なのか，それとも「労組法7条」としての概念なのか，あるいは「労組法7条2号」としての概念なのかという質問でした。

これは，私が思うところでは，基本的には，労組法で全体的な目的なり枠組みをどう考えるのかということと絡んでくる問題だと思います。私は，基本的に労組法は，「第1条」の目的にもありますように，団結を擁護し，究極的には団体交渉を通じて労使関係秩序を形成していくところになろうかと思います。その労使関係秩序を形成するときに，それを阻害する行為を不当労働行為として排除しているのが「第7条」であると考えています。

「第7条」は，そういうことを前提とすると，「2号」を中核としつつも，「1号」，「2号」，「3号」，「4号」が一体となって，そうした労使関係秩序を正常なものに導いていこうという規定だと思いますので，あえて「1号」，「2号」，「3号」，「4号」で使用者概念を別に捉える必要はないのではないかと考えています。

さらに言うと，そうした団体交渉の結果，締結されるものが労働協約になりますので，そうした労働協約の締結主体としての使用者についても，基本的には，今話した「第7条」の使用者概念を充当することで足りるのではないかと考えています。

ただ，労働協約に関する問題については，まだ検討があまりできていませんので，このあと，ゆっくりと考えたいと思っています。以上です。

村中（司会） 米津会員，よろしいですか。ご発言はありますか。

米津孝司（中央大学） ありがとうございます。ご報告の中では，労組法に共通の「使用者」概念について，朝日放送の最高裁判決，及び有力学説を引用しながら，雇用関係，労働契約を軸に定義されたと思います。労組法は，主に企業内労使関係を念頭に「使用者」という言葉を使いながらも，他方で集団的な労働関係の当事者とし

て雇用関係を超えた事業主体や使用者団体をも排除するものではないと考えるのですが，とすれば，労組法が想定する集団的労働関係の一方当事者としての「使用者」概念を雇用契約関係を軸に定義してしまうと，労組法における右の想定との齟齬が生じてこないでしょうか。

木南（新潟大学）　「労組法6条」や「第14条」に「使用者団体」という言葉が出てきまして，使用者団体と労働組合との間でも労働協約の締結は可能です。すみません。齟齬は，例えば，どういうときに出てくるのかが，私は不勉強でよくわからなかったのですが。

米津（中央大学）　労働契約を中心に，使用者団体を含めて使用者概念を定義すると，その使用者団体は労組法が想定する集団的労働関係上の当事者たる「使用者」ではないということになるのか，ということなのですが。

木南（新潟大学）　基本的には使用者の団体として労働協約を締結するのであって，使用者として労働協約を締結するものではないと思います。

米津（中央大学）　なるほど。ご提唱の労組法上の「使用者」概念は，あくまで雇用関係つまり企業内の労使関係を前提とした一方当事者である「使用者」を基本に定義をされたものと理解いたしました。分かりにくい質問で恐縮です。要するに，労組法における「使用者」概念は，各条文の趣旨・目的に即して相対的に定義されるものではないのか，そしてそれらを包括する労組法に共通の「使用者」概念は，おのず

と包括的なものにならざるを得ないのではないのか，というのが私の質問の趣旨でした。どうもありがとうございました。

● **派遣労働，親子会社と使用者責任**

村中（司会）　よろしいですか。それでは次のご質問です。一橋大学大学院の松本会員からのものです。「従来の使用者概念の拡張の問題を誠実交渉義務の内容と考えておられるようですが，このことについて，下請会社等は，発注元企業への従属性が強く，自らが雇用する労働者の労働条件について十分な交渉ができるかについては疑問が残ります。いかがでしょうか。本日の報告では，『(労働者)派遣法40条』との関係についても触れられていましたが，派遣先と派遣元との間には，必ずしも企業間の従属性が認められるわけではないので，分けて考えるべきではないでしょうか」。これが第1点です。

2つ目の質問は，「親子会社の間接支配について，使用者概念の拡張は極めて困難とのことですが，旧来の所有と経営の分離の概念を超えて，グループ経営として子会社の経営に親会社が積極的にコミットすることが提唱されています。企業価値向上のために子会社を活用するうえでは，相応の責任として親会社の使用者責任を認めるべきとは言えないでしょうか」。この2点の質問です。

木南（新潟大学）　質問ありがとうございました。まず，最初の使用者概念の拡張の問題ですが，私の報告では「使用者とは，雇用主，または部分的であれ雇用主と

同様の権利義務の関係にあると見なされ得る者」と，一応定義しました。その中には，基本的に従属性は入ってきません。

使用者が，さまざまな労働条件なり労働契約そのものを含めて判断する際に，すべてがすべて自分の思うがままに決定できるわけではありません。それは，親会社から事実上の影響を受ける場合もあれば，広い意味での景気に左右される場合もありますし，政府が作った法令等に影響を受ける場合もあります。そうしたものの中の1つとして，親会社による影響を組み入れて，説明できる範囲において，雇用主が説明すべきだと主張しました。

2番目の質問は，「親子会社について，もっと相互の責任として使用者責任を認めるべきとは言えないでしょうか」ということでした。私も，親会社が子会社の経営に積極的にコミットするならば，立法論としては，当然，親会社に対して使用者の責任を認めるべきだと思っています。

しかし，現行法の解釈としては，そうしたものは，なかなか採り得ないのではないかと思います。企業組織の規制緩和の際に，残念ながら，そうした団体法上の責任の規定が創設されませんでしたが，これは，やはり立法論で解決すべき問題ではないかというのが私の考えるところです。

村中（司会） 松本会員，ご発言はありますか。

松本研二（一橋大学大学院） 特にありません。

● 誠実団交義務

村中（司会） それでは，次に移ります。安西会員から次のようなご質問をいただいています。「団体交渉権を前提とした使用者概念の範囲を限定すべきとの説は，新しい切り口であるが，実定法的には，『労組法6条』の団交権限は労働協約締結のためであり，労働協約の当事者となり得るかどうかで考えるべきではないか。『労組法7条2号』は不当労働行為の問題であり，もし同号から権利性を論ずるなら，論旨が違うのではないか。木南会員は，団交の当事者となる使用者と，労働協約の当事者となる使用者，逆に言うと，両者で労働者の範囲は異なると考える立場なのか。誠実団交義務は中身がないので，これを要件とするのは無理なのではないか」というご質問です。

木南（新潟大学） 質問ありがとうございました。先ほどの質問で回答したとおり，現段階では，「第7条」の使用者と労働協約の当事者としての使用者が異なるとは基本的に考えていません。

そして，これもまた繰り返しになってしまいますが，労組法の目的なり中核が，基本的には団体交渉を通じて労働協約を締結することと捉えるならば，その団体交渉から使用者概念を確定するのは，1つの考え方ではないかと私は思っています。

また順番が前後して申しわけありませんが，「誠実団交義務は中身がないので，これを要件とするのは無理では」というご質問につきまして，中身がないというところは，少々わかりかねるところですが，使用

者概念の確定という問題は，使用者か使用者でないのかという「1」か「0」の関係で答えが出てしまう問題です。

それに対して，誠実団交義務は，その時々の状況なり交渉事項に応じて，非常に相対的なものです。そうであるとするならば，使用者概念として従来議論されてきたような支配・介入の程度は，「1」とか「0」で割り切れる問題ではなくて，程度の問題です。その程度の問題を議論するのであれば，それは誠実団体交渉のほうで処理するのが，より適切ではないかというのが基本的な考え方です。

では，支配・決定の程度に応じて，誠実交渉義務をどの程度負わせるべきかということは，正直，非常に難しい問題なので，これから検討していきたいと考えています。以上です。

村中（司会）　安西会員，どうぞ。

安西愈（弁護士）　私の第1の問題意識は，先ほど，野川会員が言われた点でした。そして，木南会員は，「労組法上の使用者とは，雇用主，または部分的であれ雇用主と同様の権利義務の関係にあると見なされ得る者」と，権利義務の関係を要件として言っているので，権利義務の範囲で挙げるなら，むしろ労働協約締結権というところで切るべきではないだろうか。

もしかしたら，木南会員の頭の中には，先ほどの考えのように広い概念があって，「団体交渉はするけれども，労働協約の締結権限はない。このような使用者概念があったほうがいい」という2分説があり得るのかという考え方から，これをお聞きしました。

また，誠実団交義務について「中身がない」と書きましたが，誠実団交義務には本当に成立要件がありません。法律には法律要件事実というものがありますが，どういうことをすれば誠実団交義務を果たしたかについて，全く要件がありません。だから，誠実団交義務は，使用者にとってはお手上げ状態のものなのです。そういう得体の知れない明白な要件のないものを使用者概念の切り口に使うのはおかしいのではないかという質問です。この2点です。もし補足があればお願いします。

木南（新潟大学）　ありがとうございました。まず，第1の質問については，先ほど回答したとおりです。

第2の質問の誠実団交義務は，確かに，誠実に応じなければいけないということはどこにも書いていないわけで，これは，なかなか難しい問題ですが，先ほど申し上げたとおり，支配・介入については程度の問題なので，その程度について処理すべきところは，誠実の度合いで考えるべきではないかというのが私の現時点での考えです。

村中（司会）　よろしいですか。

安西（弁護士）　はい。

● 朝日放送事件判決の射程，親会社との権利義務関係の在否，産業別労働協約

村中（司会）　ありがとうございます。それでは，次のご質問ですけれども，豊川会員から次のようなご質問をいただいています。

1点目は，「『労組法7条』の使用者概念

につき、朝日放送判決やJA判決は、派遣労働者案件と限定して評価するべきではないか」。

2点目は、「親子会社の親会社が子会社労働者の労働条件を実質的に支配・決定していると判断される場合には、親会社は子会社の労働者と権利関係はないが、『労組法7条』の使用者と見てよいか」。

3点目は、「『労組法6条』、『同14条』では使用者団体が予定されており、全日本海員組合や全国港湾労働組合における産業別労働協約を労組法上のものと言えるのかどうか」という質問です。

木南（新潟大学） 質問をありがとうございました。まず、第1点目の朝日放送判決は、派遣労働関係における事例判決と限定して評価するべきではないかという質問でした。

朝日放送事件の判決の価値判断については、基本的には中立的な立場から、労働委員会の命令例と下級審が中心となりますけれども、裁判例を検討してきました。

その結果は午前中の報告で話したとおりですが、結局のところ、朝日放送事件の判決は、直接支配の場合の個々の労働条件だけではなく、労働契約そのものについて問題になっている場合にも、あるいは資本等を通じた間接支配等を通じる場合にも、中央労働委員会あるいは東京地方裁判所等のレベルでは、そうした基準を使用して判断していることを指摘しました。

仮に、それを派遣労働関係における事例判決と捉えるならば、それ以外の場合については、新たな判断指標なり判断基準を定立する必要が出てきます。それを試論として今回の提案をしました。

第2点目の質問は、「親会社が子会社の労働者の労働条件を実質的に決定していると判断される場合には、『労組法第7条』の使用者と見てよいか」という問題です。

これについては、雇用主とどういう権利関係にあるかという判断基準で判断することになりますので、もし実質的に支配・決定していたとしても、それが法人格の形骸化なり濫用とは認められません。従って、私法上、雇用主とは見なされないのであれば、「労組法7条」の使用者と見ることはできないと思います。

最後に、第3点目の質問は、「全日本海員組合や全国港湾労働組合における産業別労働協約を労組法上のものと見るかどうか」ということです。これは、先ほどの質問に対する答えとかぶりますが、使用者団体とそうした海員組合が締結する労働協約であるとすれば、それは労組法上のものではないかというのが私の考えです。以上です。

村中（司会） 豊川会員、どうぞ。

豊川義明（弁護士） どうもありがとうございます。木南会員から、「使用者概念については、いわゆる事業場、下請け、持ち株会社、背景資本等のところが大きな問題点である」という指摘がありました。私自身は、弁護団として朝日放送事件にかかわりました。しかし、これは派遣労働に関わる事例判決で、背景資本とか、親子会社とか、その他のケースの中で、むしろこの枠組みが濫用されているのではないかと

いうのが私の認識です。これが1つです。

　もう1つは，2つ目の問題のところですが，木南会員が言われた権利義務の関係に集約されるので，この権利義務関係は，法人格の否認の法理を使うなりして，結局のところ，私法上の契約関係が親会社との間になければなりません。そういう場合でないと，親会社は労組法上の使用者にならないという結論になると思います。その意味では，集団法における使用者から見るならば，これは，やはり狭すぎるのではないかと私は考えています。

　3つ目に質問したことは，先ほど，米津会員が言われたことと同じですけれども，私は，日本の労組法は，企業内労働組合の交渉権，あるいは企業内における労働契約関係の労働条件決定における交渉権というように問題を狭めてはいません。現実の運動体がそういうものを作ってきたから，そういう判例の蓄積があると考えています。

　私の意見はあとで検討していただいたらいいと思いますが，その点から言うと，企業内の団体交渉権の枠をもう少し取り払って，現実に労働条件を決定している，左右している，支配しているという支配力説は誤解されるかもわかりませんけれども，労働条件を決定しているものとの間では，現実的でも具体的でもいいですけれども，交渉権を認めることになるでしょうし，全日本海員組合や全国港湾労働組合の産業別の労働協約は，実は，個別企業の中における労働契約関係の枠を超えた協約内容になっています。そういう部分も含めて検討していただきたいと思っている次第です。以上

です。

　木南（新潟大学）　ご指摘，誠にありがとうございました。確かに私の検討は，安西会員がご指摘のとおり，企業別の労働組合において企業別に行われている団体交渉なり労使関係の実態を，ある意味，モデルにして検討してきました。特に，海員組合の方は，現実に産別の労働協約を締結しているわけで，そうしたところについての視点が，まだちょっと足りなかったと反省しているところです。その辺りも含めて，今後いま1度検討したいと思います。ご指摘どうもありがとうございました。

● 派遣終了後の直用化と団体交渉

　村中（司会）　木南会員にいただいたご質問は以上ですけれども，このほかに何かご質問はありますか。では，萬井会員。

　萬井隆令　萬井です。所属はありません。細かい問題で申しわけありませんが，レジュメの3ページの真ん中の下辺りに，「派遣終了後の『直用化』の問題は，異なった処理」と書いてあって，2段目に「『派遣法40条の4』の雇用契約申し込み義務の法的効果による認識により，結論に差異」とあります。結論に差異があるというのは，木南会員の見解なのか，それとも，従来いくつか出された労働委員会の見解が異なっているということなのか，はっきり聞き取れなかったので，教えていただきたいのですが，それがどちらであるにせよ，恐らく，この問題は，例えば，日本電気硝子事件の滋賀県労委の命令の評価にもかかわってきますが，それはそれで別として，

組合法上の使用者についての報告であり、それについて書かれている文章なので、結論に差異が出るはずがないのではないかと私は考えます。

どういうことかというと、「第40条の4」は、期間を超えて使用し続けようとしている派遣先に対して直接雇用の申込みを義務づけた規定です。だから、その状態では、まだ違法派遣にはなっていません。まだ合法的な派遣を続けている間のことです。

そういう意味で、「第40条の4」は、使用者そのものではないが、使用者たるべき者ということを法律によって定めたものと理解しています。そう理解すると、木南会員の理解のように、労働契約上の使用者に準ずる者は団体交渉応諾義務を負うと解したとしても、派遣法によって個別的な労使関係法上の使用者たるべき者とされたのだから、労働団体法上で使用者と認められないはずがありません。

そうすると、結論に差異が出るのはおかしいのではないか。ここでの「法的効果」は、申込み義務があったにもかかわらず、申込みをしないで過ぎてしまった場合、労働契約が結ばれたと見なし得るのかどうかという問題についての法的効果の問題ではないのでしょうか。そうすると、「第40条の4」は、その直前の問題なので、この文章はちょっと問題があるのではないかということです。

木南（新潟大学） ありがとうございました。レジュメの「雇用契約申し込み義務の法的効果による認識により結論の差異」と書いた部分についての質問でした。

この「結論の差異」という部分は、私の見解というわけではなく、都道府県労委の判断が異なっているという趣旨のことを書きました。

萬井会員が指摘された日本電気硝子事件では、確かに「第40条の4」について私法的な効果を認めて、萬井会員もご指摘のように、使用者たるべき者、あるいは現実的かつ具体的に、その後、直用化が予定されるとして、その直用化後の部分について団体交渉義務が認められました。

一方、平成22年5月13日に出されている福岡県労委のサン・パートナー事件においては、そうした派遣法の規定は、結局、結論としては、「派遣法に定める指導、助言、是正勧告、及び公表などの措置が課されることがあるにとどまるものである」として、私法的な効果を認めませんでした。その結果、使用者たるべき者にもなっていないということで、派遣終了後の労働条件なり雇用継続についての交渉義務が認められなかったという事例であります。

そのように、派遣法の解釈というか、「第40条の4」の効果があるとすれば、萬井会員がご指摘のように、使用者たるべき者として、これは、当然、団体法上の関係としても使用者としての責任を負うことになりますし、そうでない場合は、残念ながら、そうした判断ではないものもあるということです。

萬井 できれば、あなたの見解をお尋ねしたいのですが。

木南（新潟大学） ありがとうございます。私としても、基本的には、「派遣法

40条の4」は，雇用契約の申込み義務について私法上の義務を課するのが相当であると考えます。これについては，真実，雇用契約申込み義務が発生しているとすれば，期間経過後の雇用形態等については，使用者たるべき者，言い換えれば，現実的，かつ，具体的に雇用関係が成立すると予定されている状態のものとして，団体交渉義務は認めるべきだと考えます。

村中（司会） では，萬井会員，ご意見をどうぞ。

萬井 これは，私の意見を述べるだけなので，お答えは要りません。論文を書くときに解説を書いていただければありがたいです。

木南会員のご意見では，実質的に雇用契約関係にある者が使用者で，その使用者の誠実団交義務の一環として，実質的な支配とか影響力を与えているものに当該使用者が団交に応じさせる，ということで良いという結論に聞こえます。

しかし，具体的に考えると，親会社あるいは持ち株会社等との関係で，労働契約上の使用者が親会社等に支配され，あるいは支配的な影響を受けている場合にも，当該契約上の使用者が誠実団交義務の内容として，「親会社に『団交に出て説明をしなさい』と言い，実際に団体交渉に応じさせなさい」ということで良いということになるのでしょうか。私は，それは極めて非現実的だと思います。

労働法学は，常に立法論を待つだけでは済まされない。立法論を待つだけでは現実に起こっている紛争を解決できないのですから，実質的な妥当性を追及することをそう簡単に諦めないでいただきたいというのが私の意見です。

木南（新潟大学） ご指摘をありがとうございました。持ち帰ってゆっくり考えたいと思います。

● 下請け・派遣労働の使用者性

村中（司会） 他にご発言はあるでしょうか。

清水洋二（弁護士） 弁護士の清水です。ただいまの木南会員の報告と質問のやり取りを聞いていて，感想めいた質問をさせていただきたいと思います。

私は，最近は集団的労使関係の事件はやっていませんけれども，かつては，不当労働行為の事件で使用者概念を拡大するために大変な苦労や努力をしてきた経緯があります。その結果，労働委員会の命令としては，使用者の概念がかなり拡大して判断されてきた経緯がありましたけれども，残念ながら，裁判所には，なかなかそのまま採り入れられなくて，先ほど言った朝日放送の最高裁判決のような判決が出るような事態になったことは事実です。

しかし，労使関係法における法解釈は，やはり実態に即して柔軟に判断すべきではないかと思っています。特に，労組法を見ますと，労働者についての規定はあるけれども，使用者についての規定はありません。ところが，労基法も労契法も，労働者と使用者について，いずれも定義規定を置いています。その辺りは，労組法の仕組み自体，「労使関係法における法解釈は非常に

柔軟に判断される必要がある。特に，使用者の場合はしかり」という立法者の意図もあったのではないかと思います。そういうこともあって，使用者の概念を含む労組法の解釈については，柔軟に解釈することが法の趣旨に合致するという考えが，学会でも多数説的見解になっていたのではないかと思います。

私も，かつて何十年か前に，「現代労働法講座（第7巻）」の「支配介入」において，不当労働行為における使用者概念について書かせていただきました。このときも，先ほどから論じられているように，「労働関係上の諸利益に対して，現実的かつ支配的に支配力を有する者を使用者として考えるべきだ」という考え方のもとに書いた経緯があります。

ところが，先ほどの木南会員の報告を聞くと，こういう労働委員会命令の流れ，あるいは労組法の持っている特質，労使関係の実情等をかなり否定するような見解ではないかと判断せざるを得ません。しかしながら，そういう解釈は，現実的な労使関係における紛争を解決するうえでは寄与しない解釈ではないかという気がします。

卑近な例で言いますと，3月11日の震災後，東京電力の福島第一原子力発電所で大変な事故が起きました。その後，たくさんの労働者が現場で働いています。働いている人たちは，ほとんどが東京電力に直接雇用されている労働者ではありません。派遣労働者，あるいは下請け労働者，関連会社の労働者が危険な作業をしています。

その人たちが労災を受けた場合は，労災の補償がありますけれども，例えば，過酷な労働条件を改善させるために労働組合を作って，東京電力に対して団体交渉の申し入れをしたり，労働条件の改善要求をしたりした場合に，木南会員の報告によると，東京電力は，「あなた方とは直接雇用の労働契約関係がないから，団交応諾義務もないし，労働条件を改善する義務もない。あなた方が雇われているところに直接言いなさい」という対応をすればよいということになります。

ところが，下請けをしている会社なり派遣元の会社には，実質的な権限が全くありません。そういう実情に照らしても，先ほどの木南会員の報告では，現実の労使関係における紛争を解決する方向にも寄与しない解釈といえるのではないかという危惧が生じます。ですから，その辺りをどのようにお考えなのかという点についてお聞かせいただきたいと思います。

木南（新潟大学）　質問をありがとうございました。これは，先ほどの最後の指摘とだいぶダブるところもあります。東京電力の例を出していただきましたが，現実の事業場の下請けとか，例が出てきませんが，親子会社というところで，子会社が親会社に交渉を要求するのは，先ほどのご指摘のとおり，現実的ではないのではないかという主張でした。

確かに，「労組法は，使用者についての概念がない。労基法や労契法と異なり，使用者概念について明確な規定を持っていない。従って，現実の問題を解決するためには，それを相対的に柔軟に解釈すべきだ」

と。もちろん、それも1つの考え方だとは思いますが、そうはいっても、やはり実体法の解釈である以上、相対的な解釈には限界があるのではないかと思います。

ご指摘の点も含めて、いま一度、私のほうで検討したいと思います。どうもありがとうございました。

● 権利義務関係と支配・決定関係
　村中（司会）　では、渡辺会員。
　渡辺章　渡辺と申します。所属はありません。確認だけですが、業務委託契約の発注事業者は、就労条件等について部分的とはいえ、雇用主と同視できる程度に現実的、かつ、具体的に支配・決定することができる地位にある場合は、請負事業主に雇用されている労働者が所属する労働組合との関係で団交応諾義務を負うという朝日放送事件の最高裁判決の要旨が報告者のレジュメに紹介されています。

木南会員のレジュメの5ページでは、労組法7条を含む全体の使用者概念について、雇用主と権利義務の関係にある者と見なされ得る者とされています。要するに、最高裁判決のいう就労条件等に対する「支配・決定」概念ではなく、雇用主と「権利義務関係にある者とすべきであって、就労条件等を支配・決定し得る地位にある者は、雇用主が団交の場に同席させることによって誠実交渉義務を履行したことになると考えればよい、そういう考え方を提案したいという趣旨と理解してよろしいですね。

　木南（新潟大学）　朝日放送事件の基準と、私の試論の関係についての質問だと理解しました。朝日放送事件の基準については、権利義務の関係と見なされる者、その同様の権利義務にあるかどうかについての直接支配事例における1つの判断基準ではないかと。直接支配事例における雇用主と同様の雇用契約上の権利義務を有すると見なされ得るかどうかの基準として把握するということで、現時点では考えています。

ですので、最高裁が示したものをあえて狭めるということではなく、結論としては、直接支配の事例以外の間接支配については、そう幅広い概念を認めることができないことになりますので、直接支配であれ、間接支配であれ、最高裁の示した見解を適用できるように、少々上位概念として再構成しました。

　渡辺　ちょっとよくわかりません。権利義務関係と支配・決定関係は、どちらが広くて、どちらが狭いのですか。

　村中（司会）　研究会の中でも、いろいろ議論になったところですので、私から少しお話しさせていただきたいと思います。恐らく、木南会員は、どちらが広いとか狭いということはあまり意識しておられないと思います。木南会員の問題意識の第1は、より明確な基準を作りたいというものであって、権利義務というものを見るほうが、より明確な基準となり得るのではないかというお考えであると思います。

ただ、それが成功するかどうかは、さらに検討が必要でしょうが、いずれにしましても、このような問題意識の下で、地位や権利義務といった用語が整理されているということです。

木南（新潟大学）　ありがとうございました。

村中（司会）　では、まだ奥田会員のご報告に関するものも残っていますので、木南会員に対する質問は毛塚会員のご質問で最後にしたいと思います。

毛塚勝利（中央大学）　中央大学の毛塚です。感想と要望ですので、お答えは結構です。お話をうかがっていて、労組法第7条の2号「使用者の雇用する労働者」という条文にひっぱられて権利義務的構成にこだわっているのかなとの印象を持ちました。ただ、先ほどのご意見からして、「労組法上の使用者は、団体交渉を中心にして考える」というのであれば、もう少し団体交渉の機能をみて使用者を捉える必要があるかと思います。

私は、「日本の団体交渉は、利益紛争（規整紛争）の解決だけでなく、権利紛争の解決のシステムである」と考えていますので、団体交渉の当事者である使用者とは、当該紛争の解決に適切な当事者であると理解しています。今日の団体交渉の機能論的な分析があれば、もう少し実効性ある議論があり得たのではという気がします。

要は、今日の労使関係の変化のなかで使用者概念をどう再構成するかです。かつて労使関係は、単一企業における労働組合と経営者の関係にすぎませんでしたが、今日の企業の意思決定システムは、グループのなかで、しかも経営者から株主にシフトしているわけです。そこの課題を認識して使用者概念を検討していただきたいというのが要望です。

5　個別的労働関係における労働組合の機能

● 従業員代表の選出方法

村中（司会）　ありがとうございました。ご意見と捉えてよろしいですか。それでは、最後の奥田会員のご報告に対する質問に移りたいと思います。

奥田会員に対して、まず、古川会員から次のようなご質問をいただいています。「従業員代表制を立法化する際に、過半数を組織する組合が自動的に過半数代表となることを修正することを提案しておられます。そのような立法は、労働組合の交渉力を著しく弱めることになりますが、それでもよいとお考えでしょうか。団体交渉や労使協議の場で、過半数労働組合が使用者に譲歩を求める手段として、争議権以外に三六協定や変形労働時間の協定等の締結とバーターすることがあります。ご提案は、労働組合のこれらの交渉手段を失わせて、交渉力を弱めるものです。

他方で、従業員代表は、協定締結と引き換えに、別の労働条件を引き上げる交渉をすることはできません。法規制の柔軟化を受け入れる代わりに、これとは別の労働条件の引き上げを獲得できるのは、過半数労働組合だけです。このような交渉は必要ないとお考えでしょうか」というご質問です。

奥田香子（近畿大学）　ご質問いただいてありがとうございます。いくつかに分けてお答えしたほうがいいかと思います。まず、1つ目は、現実に労働組合の交渉力

を弱めることになるという実際の効果をどう考えるかというご意見だと思います。

これは，別のことでもあり得ると思います。例えば，私はユニオン・ショップ協定無効論を採っていますが，それによって現実にどのような効果が出るか，理論を展開するときにそれが現実にどういう機能を果たすのか，どういう影響を及ぼすのかということをきちっと考えて展開すべきだということは当然なので，非常に難しいご指摘をいただいていると思います。この点は，あとの川口会員の報告とも少し関連するかと思います。

今回，過半数を組織する組合が自動的に過半数代表となることを修正するという提案は，私の報告の中では，最後の「終わりに」の部分で視点だけを採り上げているので，少し中途半端になってしまっています。

ただ，なぜそのような提起をしたかというと，私の今回の報告の1つの柱は，労働組合を前提とする場合に，集団法の中での複数組合主義を修正していくような制度が広がっていくことに対して非常に懸念を持っているということです。そのような問題関心から，過半数を組織している組合の個別労働的労働関係法の中での権限が広がっていくことを複数組合主義との関係からも考えるべきだということで，いろいろな検討をしてきました。

したがって，報告のような立法論を提起した場合に，現在機能している過半数を組織している組合の交渉力が弱まることがあるとすれば，それは，立法の過程では，少し荒い言い方かもしれませんが，やむを得ないことだと思います。

ただ，他方で，古川会員が書かれている三六協定や変形労働時間制協定とのバーターで，過半数組合が争議権以外に使用者に譲歩を求めるのは妥当かどうかという疑問もあります。報告準備をしている過程でも，組合の資料等で三六協定拒否闘争のようなものを採り上げているのを見ましたが，この点に関して，私の報告の柱から言うと，過半数組合のみが協定の締結権限を与えられていることから，複数組合主義から考えた場合に，過半数組合のみにこういうバーターの条件があることが果たして妥当なのかどうかということにも非常に疑問を持ちました。

そういうことを考えていった場合に，確かに一定の影響があるとは思いますが，現在の制度を別のかたちで立法化するとすれば，労働組合の複数主義に基づいた手法を考えることで，過半数を組織していることで自動的に過半数になることを修正し，その労働組合の組織率の多寡にかかわらず，交渉力を担保し得るような法制を考えるべきだと思い，視点だけですけれども，最後のところで，そのように採り上げました。

川口会員のご質問に対しては改めてお答えしますが，労働組合であればともかく，それを過半数組合に限定している現在の制度をもう少し集団法の考え方に整合的に修正していくことを目的として報告しました。

これでお答えになっているかどうかわかりませんので，できれば，もう少しご意見をいただきたいと思います。また，先ほど申し上げたように，過半数組合のみが労使

協定の締結資格を持っていることから，労働条件についてバーターの交渉ができることは，複数組合主義との関係で妥当かどうかという点についても，もしお考えがあれば，ご意見を伺えればと思いますが，いかがでしょうか。

村中（司会） では，古川会員。

古川（弁護士） 労使協定は，既存の法律に保障されている権利を柔軟化して，いわば緩和するわけです。もともと持っている権利を譲歩するわけです。譲歩するときには，その見返りを必ず要求するのが交渉ルールです。そして，その交渉の主体が誰なのか。今の制度では，従業員代表には，「労使協定事項について譲歩するけれども，別の労働条件を引き上げてください」という交渉権限がありません。この交渉権限があるのは労働組合だけです。

そうすると，本日のご提案でいけば，少数派を保護するという理念はわかりますが，労使協定事項に関する協議の場において，従業員代表は譲歩することしかできなくて，代わりのものを獲得する主体がこの協議の場には存在しなくなります。

もし複数代表で比例で選ばれた従業員代表に交渉権を付与するというシステムまで構想するのであれば，整合性があります。だけど，その提案抜きに，現行制度のもとで，過半数代表の問題をいきなり少数派保護という視点だけから立法論を提起するのは，あまりに乱暴で危険ではないかという指摘です。

奥田（近畿大学） ありがとうございます。この点については，視点だけを示して具体的な構想を示していなかったのが問題だったと思います。したがって，今回は漠然としたお答えしかできませんが，私は，過半数組合の代表，少数組合の代表，非組合員の代表から構成される従業員代表制度ということで提示しました。それには，もちろんいくつかの考え方があり得ると思います。

1つは，従業員代表制を作るとしても，そこに労働組合をどう関係づけるかで変わってくると思います。具体的なところは難しいですけれども，労働組合が優先的にかかわれるような，諸外国の立法にあるような従業員代表制を考えることができると当初は考えていました。

ただ，今回の私の報告の中では，非組合員の権利が労働組合自体によって代表されないことを前提に考えてきました。そうだとすると，従業員代表の中で，そこを置いておくという構想はできないというのが今回の1つの視点で，3つのグループでの構成を考えるべきだと結論付けたわけです。

古川会員が言われた交渉取引ということで言いますと，これも構想次第ですけれども，実際には，過半数組合，少数組合，非組合員というグループで代表を考えていった場合でも，そこには過半数組合の代表が当然入ってくるので，労使協定の交渉が実際のバーターの交渉と全く無縁になるとは基本的には考えていません。それが制度として成功するかどうかは構想次第ですが，その構想を今回は示せていませんので，具体的なところまではお答えできません。その点は，ご指摘をきちっと踏まえて，さら

に検討したいと思います。お答えになっているでしょうか。

古川（弁護士） いや、答えになっていないのではありませんか。

奥田（近畿大学） すみません。お答えしたつもりなのですが、もう少し敷延していただけますか。

古川（弁護士） では、簡単に聞きます。今、奥田会員が言われたような構想でいくなら、法律で規制されているものを柔軟化し緩和する見返りの交渉は誰がやるのですか。それは、今の労働組合ではありませんか。この部分だけ答えてください。

奥田（近畿大学） 私が示したような、例えば、3つの代表が出てくるような従業員代表制で労使協定を締結する場合でも、その見返りの交渉ができないということでしょうか。

古川（弁護士） 今言われる非組合員と少数派組合と多数派組合がどうやって一緒に交渉しますか。リアリティーのある提案だとお考えですか。

奥田（近畿大学） たしかに具体的な立法論を出していない部分ですので、お答えしにくいのですが、私が述べたのは1つの従業員代表の選出の仕方なので、個別に交渉することを想定しているわけではありません。

労使協定に関してバーターの交渉は当然あり得ると思いますが、基本的には、現在、バーターの交渉が過半数組合によって行われていることが、そのまま制度に反映するとは考えていません。その点で端的に言うとすれば、従業員代表制を設置して、そこでのバーターの交渉にはならないと思います。

古川（弁護士） そうすると、詰まるところ、今の日本の労働組合制度は抜本的に改めて、選挙で選ばれた比例代表の従業員代表が労働条件を決定すべきだという提案になりませんか。

奥田（近畿大学） 労使協定に関しては、労働条件を直接決定するものとは考えていません。先ほど言われたような、法律の定めている規制を解除するとか、免罰的とか制限解除的という機能を前提とすれば、それは労使協定として行うべきことだと考えています。ですから、そこで労働条件が決定されるとは基本的に考えていません。

村中（司会） よろしいですか。

大野 大野です。確かに今の基準法の協定は緩和する、いわゆる原則をはずす協定ですけれども、例えば、過半数を取っていない多数派の「A」組合と、「B」という少数派組合と、非組がいて、過半数代表者に「B」の少数組合の委員長が立候補して、非組と合わせて過半数代表者になったとします。

代表者に選出されるときに、「B」の少数組合の委員長が、「今の仕事量とか賃金を踏まえて、三六協定で、こういう考え方で会社と交渉して話をしていきたい」とやって、例えば、その中で、「三六協定の協定有効期間を1カ月とする」と提案して、「今現在、なぜ残業が必要なのかを仕事量と賃金との関係で考えてほしい」というかたちで協定書に書き込みます。いわゆる必要的記載事項以外に付款を付けて、そうい

うことが交渉できると思います。

　また，労働組合でないとできないという考え方ですが，私は，今の法律の体系の中での従業員代表として，それはやってもいいと思うし，できると思います。報告者も含めて，その辺をどう考えているのかをお聞かせ願えたらと思います。

　村中（司会）　奥田会員，どうぞ。

　奥田（近畿大学）　私は，労使協定は，そういうかたちで従業員代表が交渉しても構わないというか，交渉できるという前提で，今回は提案しています。そういう意味で言えば，交渉ができるような制度を構想することを前提にして，最後の部分での提案をしています。

　ただ，あえて言いますと，私の報告の全体の趣旨は，労働組合の機能をまず第１に重視することで，他の制度と全く同列であるとは考えていません。この点は，従業員代表制と労働組合との関係で議論されてきたところですので，今回，新たに立法論として採り上げてはいません。しかし，従業員代表制を構想するときに，労働組合に優先的な制度構成の位置付けを与えることは当然あり得るので，それを前提として考えています。

　そのことを前提としたうえで，それがない場合に，従業員代表だけでできるかと言えば，労使協定に関しては可能だと思います。ただ，先ほどから出ているように，労働条件を決定する制度ではないことを前提に考えています。

　村中（司会）　いろいろとご意見があるところかと思いますけれども，時間があまりございません。川口会員からも質問が出ていますけれども，これは，基本的に古川会員の質問と同じ趣旨と考えてよろしいですか。

　川口（関西大学）　ちょっと違います。

　村中（司会）　それでは，読み上げさせていただきます。「現在の労使協定の内容と効力を前提にするならば，使用者と実質的に対等に交渉し得るのは労働組合だけなので，その締結主体は労働者の代表者のグループではなく，基本的には労働組合とすべきではないでしょうか。また，労働組合でなければ，労働条件について，労使協定の内容も含め，相互的に取引できないのではないでしょうか」という質問です。

　奥田（近畿大学）　ご質問ありがとうございます。先ほど古川会員のご質問に対してお答えしたことと全く同じではありませんが，ある程度共通しているかと思います。つまり，実際に従業員代表制をどう構想するのか，そのときに労働組合をどう位置付けるのかということが１番の論点になってくると思います。

　川口会員のご意見では，まず，「労働組合が締結主体である，実際に取引できるのは労働組合である」ということですが，この点の認識に関しては，私は，基本的なところでは川口会員とそれほど違いがあるとは考えていません。まず労働組合が締結主体であり，それを優先的に考えることで従業員代表制に関しても構想していく，フランスの制度もそうだと思いますけれども，そういうことをイメージしているのは，基本的には同じだと思います。

その際に，あえて最後のところで非組合員のグループを入れたのは，現在の非組合員の労働条件にかかわる紛争の多さを考えると，すべてを労働組合によって代表することはできないと考えたからです。例えば，過半数を代表する組合とか，少数者を代表する少数組合以外に，非組合員の利益代表がないと，実際には制度として機能しないというか，そのほうが望ましいと考えて，それを入れる構成を考えました。

ですから，基本的に労働組合が主であるというところでは，川口会員のお考えとあまり異ならないと思いますが，さらに違うということでしょうか。少しお伺いできればと思います。

　川口（関西大学）　労働組合の機能の重要性については多分同じだと思います。にもかかわらず，今の過半数代表については，奥田会員の報告は「過半数を組織する組合が自動的に過半数代表になることについては問題がある」というところに急に飛びますが，その点は賛同できません。確認ですけれども，私は，労使協定の効力については，多分，奥田会員と同じだと思うのですが，基本的には免罰的効力と私法上の強行性排除効しかないと考えます。

それを前提にすると，現在は，「過半数代表」と「労使協定」の守備範囲と，「労働組合」と「労働協約」の守備範囲は完全に分離しているのですが，労働組合としての権利については，過半数組合だろうと少数組合だろうと平等です。ですから，ユニオン・ショップ協定の効力とか，「労組法第17条」の拡張適用の効力についても，判例上，それを配慮した理論が展開されてきたと思います。ですから，多分お互いの問題意識はそれほど異ならないと思います。

だけど，過半数代表については，過半数組合だけがなるのはずるいというか，ずるいというのは失礼ですけれども，平等ではないという奥田会員の気持ちもわかります。

ただ，それでは，具体的に当該事業場についての最低基準の規制緩和をどこがするのがベターなのかを考えると，過半数組合のほうが，いろいろなグループの代表者よりも公平かつ妥当ではないでしょうか。先ほど，古川会員も言われましたが，過半数組合であれば規制緩和の代わりに別の労働条件を獲得するというバーターはできますけれども，労働者代表グループでは，そのバーターもあり得ない，譲歩しかできないという今よりもひどい結果になるので，そこを考えていただければというのが1つです。実質的に労働者グループが交渉するのは無理だと思います。

また，非組合員の利益を考えるのも大事ですけれども，極端に言えば，非組合員は，団結権を行使して，どこかの組合に入ればいいので，あえて過半数組合が今果たしている機能をすべて無視して，そこまで非組合員の利益を反映させるために，過半数代表制度を変える必要があるのかどうかについても検討していただきたいと思います。

最後に，少数組合は常に少数組合というわけではありません。少数組合は常に少数組合だから，諦めみたいなところで，何とかしなければいけないということかもしれませんけれども，少数組合も，もちろん労

シンポジウムの記録

働者の支持を得れば，多数組合になり過半数組合にもなるので，そこのところも考えていただければいいと思います。以上です。

奥田（近畿大学）　ありがとうございます。

● 高年齢者雇用継続制度と過半数組合の公正代表義務

村中（司会）　時間もありませんので，今の点は意見ということで伺います。最後に，もう1件質問が出ています。濱口会員から次のような質問をいただいています。「『高年齢者雇用安定法第9条1項』は，免罰規定でもなければ制限解除規定でもなく，罰則も制限も存在しない。『第9条1項』に基づく継続雇用制度の不可欠の一部たる対象者限定規定の効力を定めている規定ではないか。従って，それが適法に締結されている限り，法律上，これによって非組合員，他組合員も含めて，その私法上の効力が及ぶ以上，効力は限定的とは言えないはずです。公正代表義務を規定せずにかかる立法を行ったことへの立法論的批判はあり得ても，その効力を制限する解釈は困難ではないでしょうか」という趣旨の質問です。

奥田（近畿大学）　まず，先ほどの古川会員，川口会員からご質問いただいた点は考慮すべき点がいろいろありますので，原稿を書く際にさらに検討したいと思います。

濱口会員，ご質問ありがとうございます。高年齢者雇用安定法の9条2項が免罰的規定でもなければ制限解除的規定でもないということでしたが，私の理解で言うと，免罰的規定ではありませんが，私は，9条1項を強行性のある規定だと考えていますので，9条2項は制限解除規定ではないという前提には立っていません。従って，この点は解釈の違いなのかと思います。もし違うご指摘だとしたら，さらにご説明いただければと思います。

私は，基本的に9条2項が制限解除規定であると思うので，それが考え方の前提になっています。そのように考えた場合，またそうではないと考えたとしても，立法論であっても公正代表という考え方に関しては否定的であることを付け加えたいと思います。まず前半部分についてだけ，少しお聞きしたいと思います。よろしくお願いします。

村中（司会）　では，濱口会員，よろしくお願いします。

濱口（労働政策研究・研修機構）　「制限解除的効力」という言葉の定義が少し違うかもしれません。要は，「9条2項」に基づく労使協定は，いや応なしに「9条1項」に基づく就業規則が適用される皆に効力が及ぶということです。継続雇用制度が全く存在しないときに「9条1項」そのものに無から有を生むような私法的効力が直接あるかないかというのは議論はいろいろありますが，「9条1項」に基づいて就業規則により継続雇用制度が設けられているならば，当然，その効力は皆に及びます。その継続雇用制度の一部に対象者を限定する部分があって，そこだけは就業規則では足りず労使協定でなければいけないとなっています。したがって，当然のことながら，その労使協定の効力は，そこで働いている

人皆に及びます。これが私の前提です。

　だから、「効力が限定的」といったところで、現実にそれによって継続雇用されなくなってしまう以上、効力は限定的ではないということです。奥田会員の「複数組合主義が大事だ。少数組合の権限を奪うことになるから、過半数組合に権限を与えるべきではない。その裏返しとして、公正代表義務というのもおかしい」という考え方は、それはそれで一貫しています。

　しかし、現実に既に過半数組合に、労使協定がなければ継続雇用されたはずの労働者を継続雇用されなくしてしまうほどの権限が与えられてしまっている以上、それをどこで止められるかというと、高年法の中では止めるロジックはありません。もちろん、労使協定の締結に瑕疵があれば、無効だという議論はできるかもしれませんが、労使協定自体が適法に締結されている限り、「私はその組合に入っていないから」といって継続雇用から排除されることを拒否はできません。

　では、どこで止められるかというと、恐らく、労契法上の合理性判断ではないかと思います。それも「第10条」ではなくて、これは新たに労使協定を締結する話ですから、「第7条」の類推で、就業規則ならぬ私法上の効力を有する労使協定の合理性判断でいくしかない。

　そうすると、労契法上の当該労使協定の合理性判断の判断基準は何かというと、結局、対象者選定基準が公正か否かということに帰着するのではないでしょうか。これは、実は公正代表義務の裏側の話ではないでしょうか。

　要するに、複数組合主義が大事だから、それを壊さないようなかたちで議論すべきだといっても、問題を論ずる土俵が、労契法上の合理性判断の中身が公正に代表をしているかどうかという話になるのなら、もっと前の段階で、過半数組合の公正代表義務についてきちんとした議論をしたほうがいいのではないかということです。どのレベルで議論をしようが、中身としてはそれが公正であるかどうかという話をせざるを得ないのではないかというのが基本的な問題提起です。よろしいでしょうか。

　奥田（近畿大学）　ありがとうございます。最初の点は、高年法の制限解除効の理解が違ったのかもしれません。労使協定の効力を限定するのは、報告で展開してきた内容からしますと、現在の過半数代表制のもとではできる限り労使協定の効力を限定的に解すべきだという判断が前提にあります。

　その中で、高年法の9条2項の規定があったとしても、最終的には就業規則の合理性判断になるという点は、報告で述べたことと基本的に変わらないのではないかと思います。

　その際に、合理性判断の中に公正代表が入るのかは、不利益変更の合理性判断のところで展開した内容とは違いますが、もう少しさらに検討させていただきたいと思います。

　濱口（労働政策研究・研修機構）　1点だけ。最後は合理性判断にいくからいいと言っても、合理性判断には公正さ以外にも

いろいろな要素が入ります。もし公正かどうかで勝負すべきものであるなら、それは、そこだけ取り出すかたちで議論したほうがいいのではないでしょうか。恐らく、奥田会員の考え方は、それは複数組合主義という集団的労使関係法制の哲学に反するから、そこはやめておいて、1番最後のいろいろな要素が詰め込まれた合理性判断の袋で全部勝負するということなのかもしれません。

少なくとも、労使協定というかたちで、ほかの就業規則の部分とは別建てになっていて、しかも、その判断すべき合理性の中身がもろもろのことではなくて、公正かどうかということに絞られている話であるなら、そこはそこで絞ったかたちで議論する枠組みのほうが、よりすっきりするのではないでしょうか。それが申し上げたいことです。

奥田（近畿大学） ありがとうございます。この問題を検討しているときに、これまでのいろいろな議論の中で、使用者が一方的に決定する就業規則ではなく、少なくとも合意による労使協定に重きを置いて判断すべきであるという主張がなされてきたと思います。

ただ、労使協定がきちんとした制度に基づいた枠組みのあるものであれば、そこに重きを置いて判断するほうが望ましいかもしれませんが、私の基本的な現在の理解では、現在の過半数代表制のもとでの労使協定は、効力を限定的に解すべきという前提でも示したように、非常に不安定であり不十分なものだと思います。

したがって、少なくとも合理性判断という1つのコントロールの中で判断するほうが、現在の法制度の中では望ましいのではないかと考えました。

もっとも、今回の報告では、実際に合理性判断をするときに何を判断すべきかということ等を具体的に示していませんので、今お伺いした点も含めてさらに検討させていただきたいと思います。ありがとうございました。

村中（司会） ありがとうございました。報告をまとめていただくときに十分考慮していただければと思います。

残念ながら終了の時間となりました。報告者の皆さん、どうもご苦労さまでした。学会報告ということで、報告者の皆さんにはいずれも新たな試みをしていただき、なかなかチャレンジングな内容だったように思います。おかげさまで、活発な議論ができたのではないかと思います。それでは、これで討論を終了します。

（終了）

回顧と展望

添乗員と事業場外労働のみなし制　　　　　　　　　　　　　　　阿部　未央
　　——阪急トラベルサポート（派遣添乗員・第3）事件・
　　　東京地判平成22・9・29労判1015号5頁——
出講契約の更新交渉過程における不法行為の成否　　　　　　　　石﨑由希子
　　——河合塾（非常勤講師・出講契約）事件・
　　　最三小判平成22・4・27労判1009号5頁——

添乗員と事業場外労働のみなし制
―― 阪急トラベルサポート(派遣添乗員・第3)事件・
東京地判平成22・9・29労判1015号5頁――

阿 部 未 央

(山形大学)

I 事実の概要

原告X1〜6は、被告Y社に登録型派遣社員として雇用され、旅行会社訴外A社に派遣されて、募集型企画旅行(以下「ツアー」といい、「海外ツアー」と「国内ツアー」がある)の添乗員業務に従事していた。

Xら添乗員の主な業務は、出発前における業務(Y社に出社し、最終日程表や参加者の確認等)、ツアー中の添乗業務(移動時の誘導、観光地や食事の案内、旅行滞在中の質問・相談への応対等)、ツアー後の清算報告業務(Y社に出社し、帰着報告、添乗日報・アンケートの提出や収受金や預かり金の入金等)であった。また、添乗員はツアー中、派遣先から貸与された携帯電話を所持し、常に電源を入れておくように指示されていたほか、添乗日報を作成して報告するよう指示されていた。添乗員は、行程表に沿う形での旅程管理を業務内容としていたが、天候、交通機関の遅滞、地域事情、ツアー参加者の行動・要望等に適切に対応することが期待されており、この範囲内における裁量を有していた。

なお、Y社及び訴外A社は、添乗員に対し、添乗員マニュアルや各種文書を用いる等して、添乗業務の内容を相当具体的に指示していた。Y社はXらを雇用するにあたり、派遣社員就業条件明示書を作成し、添乗サービス提供時間は午前8時から午後8時までとされていた。

Xらは(X1・4〜6は海外ツアーについて、X2・3は国内ツアーおよび海外ツアーについて)、労基法38条の2が定める事業場外労働のみなし制(以下「本件みなし制度」という)の適用はなく、法定労働時間を超える部分に対する割増賃金が

支払われるべきである等として、未払割増賃金と付加金等の支払いを求めて提訴した。Xら・Y間で争いがあるのは、①本件みなし制度適用の有無、②①の適用がある場合の「当該業務の遂行に通常必要とされる時間」(同条第1項但書)の決定方法、③添乗業務における休日出勤の有無、④①の適用がある場合の割増賃金の算定方法である(本稿では、③④については検討を省略する)。

II　判　旨

一部認容、一部棄却(控訴)。

1　「本件みなし制度は、事業場外における労働について、使用者による直接的な指揮監督が及ばず、労働時間の把握が困難であり、労働時間の算定に支障が生じる場合があることから、便宜的な労働時間の算定方法を創設(許容)したものである」。「使用者は、本来、労働時間を把握・算定すべき義務を負っているのであるから、本件みなし制度が適用されるためには、例えば、使用者が通常合理的に期待できる方法を尽くすこともせずに、労働時間を把握・算定できないと認識するだけでは足りず、具体的な事情……において、社会通念上、労働時間を算定し難い場合であるといえることを要する」。

なお、「「労働時間を算定し難いとき」という文言からしても、労働時間を把握することの可否(客観的可能性)自体によって本件みなし制度の適用の有無を判断することは相当ではない。」

2　(1)　本件では、飛行機内での睡眠時間、自由行動時間、ホテル到着時刻から夕食まで時間等、添乗員には労働義務から解放されていると評価すべき非労働時間も「相当程度含まれていると認められる。」

(2)　携帯電話等の通信機器を利用して、添乗員の動静を24時間把握することは客観的に可能ではあるが、このような労働時間管理は煩瑣で現実的ではなく、また緊急時用にすぎず具体的な業務内容を指揮監督するために携帯電話を所持させているものとは認められないため、本件通達除外事例②に該当しない。[1]

(3)　行程表の記載にかかわらず、予定時間が変更される常態にあり、「派遣

---

1)　昭和63・1・1基発1号。詳細については、III評釈2(2)で述べる。

先は，行程表によって，労働時間を合理的に把握できるだけの具体的な業務指示を行っているものとは解され……ず，本件通達除外事例③に該当しない」。

(4) 自己申告による勤怠管理等労働時間に関する資料を提出させて，「「労働時間を算定し難いとき」には該当しないというべき場合もある」が，本件「添乗日報の記載には相当程度ばらつきがあり，その内容から具体的に労働時間を把握することも困難である」。以上より，Xらの添乗業務は「労働時間を算定し難いとき」に該当するといえる。

3 労基法は「個別具体的な事情は捨象し，いわば平均的な業務内容及び労働者を前提として，その遂行に通常必要とされる時間を算定し，これをみなし労働時間とすることを予定している」が，便宜上の算定方法であるから，「みなし労働時間の算定に当たっては現実の労働時間と大きく乖離しないように留意する必要がある」。本件については，添乗業務一般に妥当する労働時間の算定は困難なので，ツアーごとに判定する。具体的には，旅程の消化状況を概ね反映している添乗日報を基準として，行程表等を補助的に用いる。

III 評 釈

1 本判決の意義

本件は，添乗員の「事業場外労働のみなし制」（労基法38条の2）適用の有無が争われ，適用が肯定された数少ない事案である[2]。本判決の意義は，業場外労働のみなし制に関する「労働時間の算定困難性」の要件を具体化し，算定「可能」でも「困難」な場合があることを明示した点，携帯電話の貸与・所持あるいは自己申告制と算定困難性について判断した稀少な裁判例である点にある。

携帯電話等の通信機器が普及した今日，使用者による直接の指揮監督を離れ

---

[2] 肯定例は，本判決のほか，①日本インシュアランスサービス（休日労働手当・第1）事件・東京地判平成21・2・16労判983号51頁（ただし，肯定例としての位置づけに疑問が呈されている（竹内（奥野）寿「事業場外労働のみなし制の適用と労働時間の算定──日本インシュアランスサービス（休日手当・第1）事件」ジュリ1396号（2010年）176頁））および②阪急トラベルサポート（派遣添乗員・第2）事件・東京地判平成22・7・2労判1011号5頁（以下，「第2事件判決」という）の2例である。

た事業場「外」労働と「事業場外労働のみなし制」との関係を改めて整理する必要が生じている。本判決は、そのような状況のなか、判例の蓄積が乏しい「事業場外労働のみなし制」の適用範囲（および肯定した場合の労働時間の算定方法）に関し判断を行った。とはいえ、従来の行政解釈や学説とは異なる立場に立つと解される部分も多く、判断基準およびあてはめに関し種々の疑問がある。

阪急トラベルサポート事件については、本判決のほか、第1事件判決および[3]第2事件判決が同様の争点につき異なる判断を行っており（これらの控訴審判決も含めて）、理論的にも実務上もその異同が注目されている。

2 「事業場外労働のみなし制」の判断基準（判旨1）

(1) 判旨1は、事業場外労働のみなし制適用の判断基準として、労働時間の算定は「客観的可能性」ではなく、「社会通念上、労働時間を算定し難い場合であることを要する」とする。

(2) そもそも事業場外労働のみなし制とは、労働者が事業場外で労働しているため、使用者の指揮監督が及ばず「労働時間を算定し難いとき」に、実際に何時間労働したかにかかわらず、一定の時間労働したものと「みなす」制度である。労働時間の算定は実労働時間によるのが原則であるが、労働者が「事業場外で業務に従事し」、使用者が「労働時間を算定し難い」とき（「事業場外労働」と「労働時間の算定困難性」の2要件をみたす場合）には、事業場外労働のみなし制として使用者の労働時間算定義務が免除される。

後者の要件である「労働時間の算定困難性」に関し、行政解釈では事業場外の労働であっても、労働時間の算定が「可能」な場合として、同条の適用がない3つの例（①労働時間を管理する者がいる場合、②無線やポケベル等で随時使用者の指示を受けながら労働している場合、③事業場で業務の具体的指示を受けた後、事業場外で指示どおりに業務に従事し、その後事業場に戻る場合）を挙げる（「本件通達除外事例」という）。同様に、裁判例のなかには算定「可能」かどうかに着目し、

---

3) ③阪急トラベルサポート（派遣添乗員・第1）事件・東京地判平成22・5・11労経速2080号15頁（以下、「第1事件地裁判決」という）、④同事件・東京高判平成23・9・14労判1036号14頁（以下、「第1事件高裁判決」という）。

同条（旧規則22条を含む）のみなし制適用を否定するものがある[4]。他方、算定「困難性」についてのみ判断する裁判例もある[5]。

（3）　この点，本判決は，労働時間の算定が「可能」である場合には同条の適用を否定した上記行政解釈や裁判例とは異なり，算定の「客観的可能性」と「困難性」を明示的に区別し，算定「可能」であっても算定「困難」な場合があることを示した。算定可能性より算定困難性による判断基準の方が，みなし制適用ありとの結論が導かれやすく，理論的には「事業場外労働のみなし制」の適用範囲が広いといえる。

たしかに，一部の在宅勤務等労働時間の算定が「可能」であっても[6]，算定が「困難」な場合はあり得，同条の文言にも合致する。とはいえ，労働時間の算定が「困難」であるといえるための使用者のハードルを低くするべきではないと考える。その理由は以下の2点にある。第1に，本来使用者は労働時間算定義務を負っており，同条はその例外としての位置づけであり適用要件を厳格に審査する必要があるからである[7]。判旨1も指摘するとおり，使用者が主観的に「労働時間を把握・算定できないと認識するだけは足りず」，使用者には「通常合理的に期待できる方法を尽くすこと」が求められている。第2に，同じ「みなし」効果を有する裁量労働制（38条の3，38条の4）とのバランスを図る必要があるからである。みなし制は，実際の労働時間に関係なく一定時間数労働したものと「みなす」制度であり，割増賃金支払を不要とするものなので，賃金面で労働者の不利益となる可能性がある。そう考えると，算定の客観的「可能性」と「困難性」との実質的な差はそれほどないように思われる。

4）　前記③事件判決，⑤静岡市教職員事件・東京高判昭和45・11・27労判117号85頁および⑥千里山生活協同組合事件・大阪地判平成11・5・31労判772号60頁。

5）　⑦光和商事事件・大阪地判平成14・7・19労判833号22頁，⑧ほるぷ社事件・東京地判平成9・8・1労判722号62頁。

6）　「情報通信機器を活用した在宅勤務に関する労働基準法第38条の2の適用について」（平成16・3・5基発第0305001号）参照。

7）　根本到「事業場外労働のみなし労働時間制の適用の可否　阪急トラベルサポート事件」法セ673号（2011年）121頁，和田肇「事業場外労働のみなし労働時間制の適否」労旬1758号（2011年）27頁参照。

3 「事業場外労働のみなし制」適用の有無（判旨2）

(1) みなし制適用にあたり，労働時間が算定困難かどうかを総合的に判断する必要があるのでそれぞれについて検討していく。判旨2(1)は，ツアーでは「非労働時間」も相当程度含まれるとして，労働時間算定困難性の1要素とする。

「労働時間の概念」（実作業に従事していない不活動時間）が争われたこれまでの裁判例では，手待時間や仮眠時間であっても「使用者の指揮命令下」にあり，「労働からの解放」が保障されていない場合には労基法の労働時間にあたると解されてきた[8]。これに従い，本件も添乗業務の性質上，原則としてツアー参加者への何らかの対応が求められている時間は「労働時間」と解すべきであろう[9]。同様に第1事件高裁判決も，自由行動時間等は「待機時間としての性質」を有する労働時間であると解している。

(2) 判旨2(2)は，携帯電話による労働時間管理は可能であるが煩瑣であること，具体的な指示が出されていないことから，本件通達除外事例②に該当しないとする。

学説は，これに関し「方法のいかんを問わず，使用者が指示しようと思えば，いつでも行える体制にあることが，これに当たる」[10]とし，リモートコントロール機会の増大等を背景に，本条が適用される場面は「相当少なくなった」[11]と解している。裁判例も携帯電話の普及後それが貸与されていた場合は同条の適用を否定するものが多かった[12]。第1事件地裁判決も，「随時電源を入れておくよう指示されていること」を算定可能と判断する1要素と捉えており，上述の学説・裁判例と同じ立場に立つものと考えられる。一方，本判決同様第2事件判

---

8) ⑨三菱重工長崎造船所事件・最一小判平成12・3・9民集54巻3号801頁，⑩大林ファシリティーズ（オークビルサービス）事件・最二小判平成19・10・19労判946号31頁，⑪大星ビル管理事件・最一小判平成14・2・28民集56巻2号361頁等。
9) 同旨の見解として，道幸哲也＝和田肇「ディアローグ労働判例この1年の争点」労研616号（2011年）14-15頁。
10) 東京大学労働法研究会編『注釈労働基準法・下』（有斐閣，2003年）657-658頁（和田肇）。
11) 金子征史＝西谷敏編『基本法コンメンタール〔第5版〕 労働基準法』（日本評論社，2006年）206頁（三井正信），西谷敏『労働法』（日本評論社，2009年）305頁。
12) 前記⑦事件判決，⑫インターネットサファリ事件・東京地判平成17・12・9労経速1925号24頁，⑬コミネコミュニケーションズ事件・東京地判平成17・9・30労経速1916号11頁，⑭ハイクリップス事件・大阪地判平成20・3・7労判971号72頁。

決は，添乗員は貸与された携帯電話を所持しているものの具体的な指示を受けていないことから，算定困難性の1要素と捉える。

　思うに，労働時間の算定が義務付けられている事業場内労働であっても労働時間の管理が「煩瑣」である場合もあるから，煩瑣であることを理由に算定困難とすることには疑問が残る。また，労働時間を算定する際，使用者には「通常合理的に期待できる方法を尽くすこと」が求められているところ，指示をしていない事実は算定困難の理由づけとしては弱いと考える。

　(3)　判旨2(3)は，予定時間の変更は常態であり，「行程表によって，労働時間を合理的に把握できるだけの具体的な業務指示」を受けているとはいえないとして，本件通達除外事例③に該当しないとする。

　第2事件判決は，直行直帰型の形態をとり，行程表が大まかで，順番や予定時間が変更することもあったから「業務の具体的指示を受けたとは評価できない」として，本判決同様除外事例③に該当しないと考えているようである。これに対し，第1事件高裁判決は，行程表の変更が変更補償金の支払義務を発生させる旅程保証の対象となっている等，変更可能性があるとしても「合理的な理由」のある変更に限られることから，指示書は添乗員に対する業務指示文書であると解している。

　そもそも「事前に訪問先や業務遂行過程が具体的に指示され，帰社後労働者がそれに従って労働したことを報告した場合には，労働時間の算定が可能である」として除外事例③が挙げられている。朝出社し，行動予定に従って外勤し，当日中に帰社して報告するケースがその典型にあたるが，本件は，(使用者の)事前の指示および(労働者の)事後報告が日をまたぐ点に事案の特殊性がある[15]。直行直帰であることから直ちに除外事例③が否定されることは論理必然ではなく，変更が常態であるとしても変更後の対応になお使用者の指示が及ぶと解される場合(予定変更後の対応がマニュアル化されている場合等)もある。本件はこ

---

13)　例えば，マンション住み込みの管理人に関する前記⑩事件判決等。
14)　東京大学労働法研究会編『注釈労働時間法』(有斐閣，1990年)658頁。
15)　同種の事案として，修学旅行の引率等に関する前記⑤事件判決，直行直帰の外勤(一部)に関する前記⑬事件判決，⑮サンマーク事件・大阪地判平成14・3・29労判828号86頁(ダ)(いずれもみなし制の適用を否定)。

の点をさらに検討する必要があったのではないかと考える。

　(4)　判旨2(4)は，自己申告の一形態である添乗日報は，労働時間の算定困難性判断の1要素でありどちらの結論をも導き得るとした上で，本事案では添乗日報の記載に相当のばらつきがあることを理由に労働時間を算定し難いとする。

　自己申告と算定困難性の考え方に関する前半部分について，第2事件判決および第1事件高裁判決とも，本判決と同様の立場に立つものと思われる[16]。たしかに，自己申告に基づく資料では客観性・信用性に疑義が生じるゆえ，自己申告による労働時間の把握・算定を否定的に捉えることもできる。一方，みなし制が適用される場合でも深夜労働には自己申告による労働時間管理が行われていることから，自己申告が労働時間を把握する上で不適格な資料とはいえず，自己申告を補助的に利用することもできる。したがって，自己申告がどちらの結論にもなり得ると解している点は肯首できる。

　後半のあてはめに際しては，第1事件高裁判決が指摘するように，ツアー参加者に帯同し，現地での行程管理には多くの現認者が存在するという添乗業務の性質上，本事案の自己申告は信用性の高い場合が多いことをも労働時間の算定にあたり考慮するべきではないかと考える。

　結局，労働時間の算定困難性について，(1)〜(4)の事情を総合的に判断する必要があるところ，少なくても非労働時間と判断された時間は労働時間と考えられ，その他の点についても疑問が残る。

3　「当該業務の遂行に通常必要とされる時間」の決定方法（判旨3）

　(1)　判旨3は，「通常必要時間」は，現実の労働時間と近似させつつ，個別具体的な事情は捨象し，平均的な業務内容および労働者を前提として算定するが，本事案では，添乗業務一般に妥当する労働時間の算定は困難なので，添乗日報をベースに行程表等も参照しながらツアーごとに判定するとする。

　(2)　事業場外労働のみなし制は，原則として所定労働時間労働したものとみなされるが，当該業務を遂行するために通常所定労働時間を超えて労働するこ

---

[16]　第2事件判決につき，梶川敦子「海外ツアー添乗員とみなし労働時間制——阪急トラベルサポート事件」ジュリ1420号（2011年）273頁参照。

とが必要となる場合には，「当該業務の遂行に通常必要とされる時間」労働したものとみなされる（通常必要時間みなし。同条1項但書）。

当該業務に従事する通常の労働者の平均的な業務遂行に照らして通常必要時間が判断される[17]。ある労働者の労働時間が，所定労働時間を超えることは明らかであるが，何時間超えるかは明らかでない場合を処理するための規定であり，労働者をして適正な所定時間外労働の手当を得さしめようとする趣旨である。ただし，事業場外労働のみなし制は，裁量労働制とは異なり実際の労働時間数に近づけるべく，使用者には通常必要時間数を「適正に推定する義務」[18]が課せられている。

(3) 本判決は上記行政解釈に従い，使用者に通常必要時間を平均的・一般的に算定することを求めているが，事後的な具体的算定にあたっては実態を反映できる単位をもとに算定しても構わないとする。結局，労働時間の算定についてみなし制によらず，ある程度個別的に労働時間を算定しており，事業場外労働の「みなし制を導入した制度趣旨に合致した算定方法の仕方ではなくなる」[19]という矛盾が生じている。みなし制の「平均的・一般的」という要請と「実労働時間との近似」という要請は，集団的と個別的という相反する算定方法から導かれるものであり，両立の難しさについては今後とも検討が必要であろうと思われる。

(あべ　みお)

---

17) 厚生労働省労働基準編『労働基準法・上』(2011年) 537頁。
18) 東京大学労働法研究会編・前掲注14)537頁。
19) 道幸＝和田・前掲注9)12頁（道幸発言）。

出講契約の更新交渉過程における不法行為の成否
―― 河合塾（非常勤講師・出講契約）事件・
最三小判平成22・4・27労判1009号5頁 ――

石　﨑　由希子
（東京大学）

I　事実の概要

　X（原告，控訴人，被上告人）は，Y（被告，被控訴人，上告人）の経営する大学受験予備校で講義を担当してきた非常勤講師である。Xは，Yとの間で，昭和56年から平成17年に至るまでの25年間，期間1年の出講契約を繰り返し締結してきた。Xの担当する正規の講義のコマ数は，前年度の評価を基に，毎年の出講契約において定められ，講義料はコマ数に単価を乗じて決定された。Xは，これまでに，週7コマ前後のコマ数を担当するほか，個別に依頼された問題作成業務等に従事してきた。なお，非常勤講師は兼業を禁止されていなかったが，Xは一時期を除いて兼業せず，ほぼYからの収入だけで生活していた。

　Yは，平成17年12月，Xに対し，受講生の大幅な減少が予想されることや，受講生によるアンケート結果に基づく評価（A1からEまで）でXの評価が3年連続D評価であったことを理由に，平成18年度のXの担当講義を週7コマから週4コマにしたい旨を告げた。かかる変更は，Xに4割以上の収入減少をもたらすものであったため，Xが，従前どおりのコマ数での出講契約締結を求めたところ，Yは，平成18年2月24日付け文書で，次年度の出講契約を締結するのであれば，同封した週4コマを前提とする契約書を同年3月7日までに返送するよう通知した。これに対し，Xは，同月2日付け文書で，週4コマの講義は担当するが，合意に至らない部分は裁判所に労働審判を申し立てた上で解決を図る旨の返答をし，同契約書を返送しなかった。そこで，同月7日，Yが更に，全面的な合意が成立しなければ契約は不成立となること，同月10

日までに同契約書を返送しない場合には、契約関係は終了することになる旨通知した。Xが同契約書を返送せず、提出する意思はない旨の回答をしたため、同月11日、YはXに対し、Yからの出講契約締結の申込みは撤回し、X・Y間の契約関係は平成17年度の契約期間満了をもって終了となることを通知した。

そこで、Xは、Yが平成18年度の出講契約を締結しなかったことが、違法な雇止めに当たるなどとして、Yに対し、雇用契約上の地位確認、賃金及び慰謝料の各支払等を求めた（賃金支払請求のうち、主位的請求は週7コマでの、予備的請求は週4コマでの出講契約の成立を前提にしている）。原審までの主な争点は、①一連の出講契約の労働契約該当性、②出講契約の終了の法的構成（雇止め・契約の不成立）、③解雇権濫用法理の類推適用の可否、④雇止めの適法性、⑤出講契約の終了についての慰謝料請求権の成否であった。

一審（福岡地判平成20・5・15労判989号50頁）は、一連の出講契約を労働契約に該当するとし、その終了を雇止めと位置付けたが、アンケート評価に基づく大幅なコマ数の変動が予定されていることなどから、解雇に関する法理が適用又は類推適用されることはないとし、Xの請求をすべて棄却した[1]。

原審（福岡高判平成21・5・19労判989号39頁）は、労働契約該当性を肯定したが、出講契約の終了をXの意思に基づく契約不成立と捉え、③、④の争点について検討するまでもなく、地位確認は認められないとした。他方で、原審は、交渉過程におけるYの態度は、「（収入が大幅に減少する）Xの切実な反論とその境遇に対する配慮に欠け」、「出講契約が労働契約であることに対する無理解からくる」ものと評し、かかるYの「強硬な態度」が、Xをして、契約書不提出という消極的な抵抗に追い込んでいった面があることを否定できないとして、不法行為を理由とする慰謝料350万円の支払いを命じた。結論として、原審は、慰謝料請求の限度で控訴を一部認容し、その余の控訴は棄却した。これに対し、Yが上告受理申立てをした。

---

1) ただし、一審は、雇止めの判断と手続の合理性についても検討を加え、これを肯定する。

Ⅱ　判　旨（破棄自判）

「YとXとの間の出講契約は，期間1年単位で，講義に対する評価を参考にして担当コマ数が定められるものであるところ，Yが平成18年度におけるXの担当講義を週4コマに削減することとした主な理由は，Xの講義に対する受講生の評価が3年連続して低かったことにあり，受講生の減少が見込まれる中で，大学受験予備校経営上の必要性からみて，Xの担当コマ数を削減するというYの判断はやむを得なかったものというべきである。Yは，収入に与える影響を理由に従来どおりのコマ数の確保等を求めるXからの申入れに応じていないが，Xが兼業を禁止されておらず，実際にも過去に兼業をしていた時期があったことなども併せ考慮すれば，Xが長期間ほぼYからの収入により生活してきたことを勘案しても，Yが上記申入れに応じなかったことが不当とはいい難い。また，合意に至らない部分につき労働審判を申し立てるとの条件で週4コマを担当するとのXの申入れにYが応じなかったことも，上記事情に加え，そのような合意をすれば全体の講義編成に影響が生じ得ることからみて，特段非難されるべきものとはいえない。」

「そして，Yは，平成17年中に平成18年度のコマ数削減をXに伝え，2度にわたりXの回答を待ったものであり，その過程で不適切な説明をしたり，不当な手段を用いたりした等の事情があるともうかがわれない。」

「以上のような事情の下では，平成18年度の出講契約の締結へ向けたXとの交渉におけるYの対応が不法行為に当たるとはいえない。」

Ⅲ　検　討[2]

1　本判決の意義

本件は，有期出講契約の更新時に，コマ数削減について全面的な合意が成立しなかったために，契約関係の終了に至ったという事案である。原判決は，契約終了はXの意思に基づくもので，雇止め法理の適用の余地はなく適法とす

る一方で、Yの「強硬な態度」がXをして契約書を返送しないという「消極的な抵抗へと追い込んでいった」ことを問題視し、かかるYの対応が不法行為を構成するとした。最高裁では不法行為の成否のみが争われ、本判決は、Yの対応が不法行為に当たるとはいえないと判断した。本件事案は、留保付承諾に対する法的評価等多数の論点を提起するものであるが、最高裁は、不法行為の成否について事例判断を下したにすぎず、その射程は限定される。[3]

2 契約終了の適法性と損害賠償の関係

原判決は、契約終了を適法としつつ、契約終了について不法行為責任を認めた。契約終了が適法であるとの判断は、不法行為の成否に影響を及ぼさないか。

地位確認の他、損害賠償も求められた雇止め事案の裁判例においては、しばしば、①契約が適法に終了したことのみを理由として、雇止めについて不法行為の成立が否定されている。[4]これに対し、②退職の意思表示による契約終了を認める一方、雇用継続に対する合理的期待の程度、労働者に対する業務評価を検討した上で、不法行為の成立を否定した例がある。[5]また、③期間満了による契約終了を認めつつ、使用者の違法な意図により雇止めが導かれたことを理由として、雇止め自体について不法行為の成立を認めたと解されうる例がある。[6]

---

2) 本判決の評釈として、小宮文人「契約内容変更を前提とする有期労働契約更新の不調と雇止め法理」法時83巻2号（2011年）126頁、高仲幸雄「出講契約の更新交渉と使用者の不法行為」労働法令通信2241号（2011年）22頁、藤原稔弘「有期出講契約の更新交渉と損害賠償請求の可否」季労232号（2011年）89頁、神田遵「最高裁平成22年4月27日判決（河合塾（非常勤講師・出講契約）事件）の示唆する論点の整理」経営法曹171号（2011年）8頁。原判決の評釈として、山下昇「25年間更新の予備校非常勤講師の出講契約の終了と不法行為」法セ666号（2010年）125頁、三井正信「不利益変更を理由とする有期労働契約の不更新と損害賠償」速報判例解説7号（2009年）225頁。この他、訴訟代理人による解説として那須國宏「有期労働契約の雇止め最新判例解説」労働法学研究会報2491号（2010年）4頁がある。
3) なお、本判決は出講契約の労働契約該当性につき判断を示していないが、以下の検討では、原審までの認定に従い、労働契約該当性の肯定を前提とする。
4) 本件一審判決の他、日本ヒルトン（本訴）事件・東京高判平成14・11・26労判843号20頁、別府大学事件・福岡地小倉支判平成20・3・6労経速2003号25頁等。
5) スカイマーク事件・東京高判平成22・10・21労経速2089号27頁。
6) パナソニックプラズマディスプレイ（パスコ）事件・最二小判平成21・12・18民集63巻10号2754頁の今井補足意見は、雇止めは、労働局への偽装請負の事実の申告に対する報復であり、労働者派遣法49条の3の趣旨に反する不利益取扱いにあたるとする。

この他，④公務員の再任用拒否事案においては，任命権者の言動により，任用継続への期待が生じた場合に，国家賠償法上の賠償責任が認められている[7]。

本判決は，契約終了の適法性を不法行為の成立を否定する理由とはせず，具体的な理由を挙げて，Yの対応が不法行為を構成しないことを示している。契約終了の適法性から直ちに不法行為の成立の余地なしとしない点では，②～④の裁判例と同様の処理をするものといえる[8]。

確かに，契約終了が適法とされるのは，雇用継続に対する合理的期待が生じていないか，生じているとしても，客観的合理的理由又は法令により契約終了が正当化されているか，あるいは，これを自ら放棄した場合等であり，かかる場合，被侵害利益が認められないとして，不法行為の成立が否定されやすいであろう。しかし，上記の場合でも，地位確認を基礎づけるほどではないにせよ，不法行為法上保護に値する程度の雇用継続に対する期待利益が存続することはありうると解する[9]。したがって，かかる利益が存在しうることに配慮し，具体的な理由を示して不法行為の成立を否定した本判決の姿勢は支持できる。

3 コマ数削減の判断及び同判断の維持
(1) 本判決の理解

引用は省略したが，原判決は，労働契約である以上，合理的な理由も必要もない不利益変更は許されず，その変更の程度も自ずと合理的な範囲に限られるとの一般論を前提に，4割以上の収入減少を招くコマ数減少は「相当に問題である」との判断を示している。その上で原判決は，Yの態度について，「(収入

---

[7] 中野区（非常勤保育士）事件・東京高判平成19・11・28判時2002号149頁は，大阪大学付属図書館事件・最一小判平成6・7・14判時1519号118頁の判示を踏まえ，報酬の1年分に相当する程度の慰謝料請求を認容した。
[8] ただし，最高裁では地位確認についての判断は不服の対象となっておらず，契約終了の許否は争点となっていない。
[9] かかる理解は，雇止めに対して地位確認の救済が認められない場合にも金銭解決による保護を認める解釈論に繋がる。反復更新後の雇止め事案において，地位確認以外に第二次的な救済手段である損害賠償を認めるべきとする見解として，オランゲレル「有期労働契約の反復更新後の雇止めと損害賠償——中野区（非常勤保育士）事件から示唆されるもの——」季労223号（2008年）160頁以下等参照。

が減少する）Xの切実な反論とその境遇に対する配慮に欠け」、「出講契約が労働契約であることに対する無理解からくる」とし、契約終了について不法行為の成立を認める。以上によれば、原判決は、契約を終了に導いたYの対応として、Yによるコマ数削減の判断及び同判断の維持を特に重視したと解される。

これに対し、本判決は、コマ数削減の判断自体については、授業の低評価という理由がある他、受験予備校経営上の必要性からやむを得ないとし、同判断の維持についても、兼職可能性を考慮して「不当とは言い難い」とする。本判決は、原判決の上記一般論の是非について判断を示すことはせず、本件具体的事案の下で、コマ数削減の必要性とその判断の維持について相当性を検討し、コマ数削減の判断及び同判断の維持が不法行為を構成しないことを示したものといえる。もっとも、本判決が、大幅な収入減少を伴う労働条件の変更について、経営上の必要性と兼職可能性のみを理由として、不法行為の成立を否定したと理解されるべきではない。本判決は、あくまで「期間1年単位で、講義に対する評価を参考にして担当コマ数が定められる」本件出講契約の性格を前提とした判断と解される。以上の見地からは、本判決の判断は妥当といえる。

(2) 被侵害利益の検討

では、本判決が示した①出講契約の性格、②授業の低評価、③兼職可能性は、不法行為の成否との関係で理論的にはどのように位置付けられるか。結論を先に言えば、上記①～③は「法律上保護される利益」（民法709条）の存在について、消極に働く事情として位置付けられると解する。

被侵害利益の内容については、原判決及び本判決のいずれにおいても明示されていない。しかし、原判決が、不法行為の成立を認めるにあたり、コマ数削減の判断及び同判断の維持を重視し、4コマでの契約成立により得られたはずの収入額（逸失利益）250万円に100万円を加えた額を慰謝料額としていることからすれば、原判決は、被侵害利益として、合理的範囲内で変更された労働条件の下での雇用継続に対する期待を想定していたと解される[10]。

上記期待は、労働条件維持に対する期待と雇用継続に対する期待から成るが、労働条件の維持は、雇用継続を前提とすることからすると、労働条件維持に対

する期待が認められるか否かは、雇用継続に対する合理的期待があるか否かに大きく依拠するだろう。この点、確かに、25年間にわたり契約が反復更新されていること、共済組合加入も認められている等の事情が存在するものの、Xは非常勤講師であり、兼職が認められていた他、各年度のコマ数は授業評価アンケートを参考に毎年決定されることになっており、その際にゼロにされる者もいたこと、これをXが認識していたこと等の各事情を踏まえると、少なくとも、雇止め法理適用の前提となるような、雇用継続に対する合理的期待は認められないと解する。[11]また、仮に、雇用継続に対するより低い程度の期待を「法律上保護される利益」として認めうるとしても、各年度の面談において度々改善が求められていたにも関わらず、Xの授業評価が3年連続して低かったことからすると、[12]不法行為法上、保護に値する期待の程度は、認められないか、(仮に認められるとしても)かなり低いといわざるを得ない。

以上まとめると、上記①～③の事情等に照らせば、Xの「法律上保護される」期待は、(仮に認められるとしても)その程度は低く、Yが著しく信義に反する態様でこれを侵害したといえる場合でない限り、不法行為の成立を認める

---

10) 小宮・前掲注2)129頁、藤原・前掲注2)92頁、神田・前掲注2)20頁参照。上告受理申立て理由書では、被侵害利益は人格権的な「意思決定権」であると推察されているが、意思決定権の侵害だけでは慰謝料額が高額であることの説明はつかないだろう。また、原判決自身も、Yの対応がXの意思決定に与えた影響について十分な検討をしておらず、YがXを心理的に「追い込んだ」点をどの程度重視していたか疑問が残る。なお、三井・前掲注2)228頁、小宮・前掲注2)129頁は、原判決の処理を違法な退職追い込み行為について逸失利益を認める準解雇説の処理と類するものとする。準解雇説については、小宮文人『雇用終了の法理』(信山社、2010年)202頁等参照。

11) 非常勤講師の雇止め事案のうち、比較的長期にわたり反復更新されていたにも関わらず、雇止め法理の適用を否定する裁判例として、亜細亜大学事件・東京地判昭和63・11・25労判532号63頁(1年契約を20回更新した事案、控訴棄却・上告棄却)、旭川大学(外国人教員)事件・札幌高判平成13・1・31労判801号13頁(1年契約を13回更新した事案)、桜花学園名古屋短大事件・名古屋地判平成15・2・18労判848号15頁(1年以内の契約を19回更新した事案)がある。適用肯定例としては、旭川大学(外国人教員)事件・札幌地判平成12・2・1労判791号21頁、桜花学園名古屋短大事件・名古屋高判平成15・12・26判例集未掲載、学校法人加茂暁星学園事件・新潟地判平成22・12・22労判1020号14頁があるが、前二例では、雇止めは適法と結論づけられている。

12) 生徒アンケートの低評価を理由とする塾講師の解雇を有効とした例として、類設計室事件・大阪地判平成22・10・29労判1021号21頁がある。

ことは困難といえる。

4 暫定的な4コマでの就労申入れに対する拒否

　原判決が，Xによる暫定的な就労申入れを「膠着状態を打開する」提案として積極的に評価し，これに応じないことを「強硬な態度」として非難したのに対し，本判決は，Xの上記申入れに応じないとしても，「特段非難されるべきものとはいえない」とする。本判決はその理由として，全体の講義編成に生じ得る影響の他，「上記事情」を挙げているが，これには，コマ数削減が不当とはいえないことを基礎づける事情（上記3参照）が含まれると解される。

　そもそも，原判決が，上記申入れに応じないYの対応を「強硬な態度」と非難した前提には，コマ数削減が「相当に問題」であるとの認識があった。これに対し，コマ数の削減が不当でないとの判断を前提とすると，全体の講義編成に生じ得る影響を踏まえて，上記申入れを拒否することも，契約交渉の自由の範囲内に含まれると解する。そうすると，Yのかかる対応について非難できないとする本判決の結論は妥当である。

　なお，Xによる暫定的就労の申入れは，事後的に裁判所で争う権利を留保しつつ，4コマでの出講契約締結に承諾するという点で，留保付承諾と評価しうるものであり，先行評釈においても，留保付承諾の効力について詳細な再検討がされているところである。[13] この点，確かに，労働条件変更が有期契約の更新条件とされた場合には，労働者は契約の終了か，変更かの二者択一を迫られるという点で，留保付承諾の効力が議論されてきた変更解約告知の場面と同様の問題状況にあるといえる。もっとも，変更解約告知は，契約が存続している場面でなされるのに対し，有期契約では期間満了による契約終了が当然に予定されており，変更解約告知における留保付承諾と同様の考察が必要となるのは，有期契約に雇止め法理による保護（雇用存続）が認められる場合に限られる。この点，本件は，雇止め法理による保護が認められない事案（上記3参照）であることからすれば，留保付承諾の効力を検討すべき前提状況を欠いており，

13）　藤原・前掲注2）93頁以下，神田・前掲注2）14頁以下参照。

本判決が留保付承諾の効力について何らかの立場に立って不法行為の成否を判断したとの事情は見いだせない。したがって，本判決は，コマ数削減は不当ではないとの判断を前提とした上で，Y に一定のコストを課す X の暫定的就労の申入れに応じる必要はないと判断したものにすぎず，留保付承諾の効力に関する議論に対する最高裁の立場は不明である。[14]

5　信義則上の義務違反

本判決は，Y が「不適切な説明をしたり，不当な手段を用いたりした等の事情」もないと判示し，Y に信義則上の義務違反が認められないことを明らかにする。X の意思確認を 2 度にわたり行う等，Y が比較的丁寧な手続を採っていたといえる本件事案の下で，かかる判断は妥当である。

6　本判決に対する評価

以上のとおり，本件では，不法行為法上，保護に値する X の期待の程度は（仮に認められるとしても）低く（上記 3 参照），侵害行為とされる Y の対応に著しく信義に反する事情も認められない（上記 4，5 参照）。したがって，不法行為の成立を否定した本判決の結論は妥当と考える。

（いしざき　ゆきこ）

---

[14] これに対し，前掲注 4）日本ヒルトン（本訴）事件・東京高判では，留保付承諾の有効性（留保付承諾による雇用継続）が否定されている。同事案は雇止め法理の適用が認められる常用的日々雇用の事案であり，留保付承諾の効力を論じるための前提状況は整っていた。

平成23年度学会奨励賞について

野　田　　　進

（九州大学，学会奨励賞審査委員会）

　学会奨励賞審査委員会は，平成23年度の学会奨励賞として，下記の両名の論文を審査の上選考した。これにもとづき，同年秋季大会の総会時において，審査委員会委員長が選考経過を報告し，代表理事により両名に対して表彰状および副賞が授与された。

1　受賞対象論文

（1）　富永晃一「比較対象者の視点からみた労働法上の差別禁止法理——妊娠差別を題材として（1～6・完）」法学協会雑誌127巻4号495～575頁，127巻5号634～716頁，127巻6号803～878頁，127巻7号936～1007頁，127巻8号1083～1150頁，127巻11号1771～1861頁（以上2010年）

（2）　大木正俊「イタリア労働法における賃金の均等待遇原則の展開——同一労働同一賃金原則と私的自治の関係（1～4・完）」早稲田法学84巻2号101～143頁，85巻1号219～247頁（以上，2009年），85巻2号117～149頁，86巻1号31～62頁（以上，2010年）

2　選　評

（1）　富永論文

　本論文は，妊娠差別という差別類型を素材にし，そこから妊娠差別の差別類型としての位置づけや性差別との関係等の問題に着目して，さらに差別禁止法理における「比較対象者」の意義の問題を抽出し，そのことを通じて差別禁止法理の意義について，深められた議論を提供した作品である。

　すなわち，妊娠差別については，日本では性差別として扱われることは少ないが，ドイツ法・アメリカ法では，ともにこれを直接性差別として規制する立法規定が存在する。しかし，その位置付け，特に比較対象者の設定の問題は，両国では異なる取り扱いをしている。ドイツ法では，一般平等取扱法において妊娠差別は性による直接差別と定められており，妊娠者に妊娠質問を行い，その結果を考慮して不利益取扱いをすることは直接性差別となると解されている。このことから，差別の状況は，妊娠質問がなされずそれにより不利益取扱いがなされないものとの比較から判断されることになり，比較対象者は通常の労働者であると考えられる。これに対して，アメリカ法では，妊娠差別が当

初に問題になったのは，使用者の就業保険において傷病による一時的な就労障害がカバーされているのに妊娠による休業がカバーされていないことにあったことから，一時的な就業障害者が比較の対象として設定される。

このように妊娠差別の比較対象者については，各国では，異なる法制の状況や雇用慣行の中からその状況に応じて比較対象者が決定されている。したがって，妊娠差別を性差別としてみると比較対象者が欠けるため，十分に類似しない状態の者を比較対象者として設定することになり，それにより，規制のレベルに過剰保護・過小保護といった問題が生じ，一貫性を欠く結果になっていることを示している。

本論文は，妊娠差別法理の比較法的知見をもたらしたのはもとより，このように妊娠差別をテーマ設定をすることにより，差別禁止法理の意義を比較対象者を規準とする保護法理として捉えることで再構成することを提示し，その点で問題解決の特質とあるべき射程を示唆している。

本論文の提起した課題は，「雇用形態差別」として表現されているような，非正規労働者について差別禁止法理の導入において，その禁止のあり方についての議論に対しても，重要な示唆を与えるものと思われる。

(2) 大木論文

本論文は，同一労働同一賃金原則と私的自治・労使自治の抵触との関係を，考察するものである。そのためにイタリア法を対象としており，まず議論の前提として，労使による賃金決定とそれに対する介入法理の発展，および雇用における差別禁止法制の発展を紹介し，それらを踏まえて，賃金均等待遇原則をめぐる学説と判例の議論を，節目となる破毀院判決の推移を骨格として，そのダイナミズムを克明に描いている。

イタリアで発展した賃金決定に関する独自の介入法理や，差別禁止法制の発展は，それ自体がわが国の議論に対して発想転換を促すものであり，興味深い理論発展である。しかし，本論文の真骨頂は，差別禁止立法のない領域における，同一労働同一賃金の原則の実現可能性とそれを阻む私的自治原則論との，理論的な相克という点であり，その軋轢の中で生み出されてきた，判例・学説の興味深い理論の発展である。

これらの議論の発展は，イタリア法だけのものではなく，種々の前提の違いがあるとしても，「差別禁止立法のない領域における」同一労働同一賃金の原則という課題のもとで，差別法理の特質と限界の普遍的な問題を想起させる。わが国においても，差別禁止法理の議論幅を広げる豊かな理論を提供するものといえよう。

(3) 総　　括

以上のとおり，両論文とも，わが国差別法理における次のステージに向けての理論の深化を導くものであり，学術的価値の高いものとして，顕彰に値すると判断した。

3　その他

　学会奨励賞は，次の基準により選考される（学会奨励賞授与規程より）。

（1）　毎年，前年（1月～12月）に公刊された労働法に関する著書および論文のうち，学術的・理論的にみて特に優れたと認められるものを，奨励賞の対象とする。公刊の基準時は，雑誌論文の場合は掲載号（連載については完結号）の，著書の場合は奥付記載の発行年月日とする。

（2）　受賞者は，原則として，当該著書・論文の公刊時に40歳未満で，日本労働法学会の学会員である者とする。なお，著書・論文が複数の著者によるときは，全員が同年齢以下でなければならない。

　　　　　　　　　　　　　　　　　　　　　　　　　　　　　（のだ　すすむ）

日本学術会議報告

浅倉　むつ子

（日本学術会議会員，早稲田大学）

1　第160回臨時総会（第21期）と第161回総会（第22期）

　2011年7月11日に，日本学術会議第21期最後の総会となる第160回臨時総会が開かれ，6月に定年により会長職を退いた金澤一郎会長の後任の会長選挙が行われた。選挙の結果，それまで副会長職にあった第一部の広渡清吾会員が新会長に選出された。同氏は，副会長就任前には第一部長として，人文・社会科学のみならず学術会議全体を束ねて「日本の展望」の起草委員長の役を担い，副会長時代には，「東日本大震災対策委員会」の中心メンバーとして活躍してこられた。文系から会長が選出されたのは，長い学術会議の歴史の中でも初めてとのことである。総会以後，広渡会長は，学術のあり方が根底から問われる難しい時期に，リーダーとしてさまざまな提言を公表し，第21期の終了とともに会員の任期を満了した。

　第161回総会は2011年10月3日～5日にかけて開催され，日本学術会議はこの総会をもって，第22期の新体制に入った。第22期の会長には，第三部から大西隆会員が選出された。副会長は，武市正人会員，小林良彰会員，春日文子会員である。

2　東日本大震災からの復興と学術の責務について

　東日本大震災に関する日本学術会議の活動については，前号（本誌第118号）において，第6次緊急提言を出したところまで報告した。その後，学術会議は，第7次緊急提言「広範囲にわたる放射性物質の挙動の科学的調査と解明について」（2011年8月3日），会長談話「66年目の8月15日に際して――いのちと希望を育む復興をめざす」（同年8月15日），提言「東日本大震災における就業支援と産業再生支援」（同年9月21日），監事会声明「東日本大震災からの復興と日本学術会議の責務」（同年9月22日），報告「エネルギー政策の選択肢に係る調査報告書」（同年9月22日），提言「東日本大震災とその後の原発事故の影響から子どもを守るために」（同年9月27日），提言「東日本大震災から新時代の水産業の復興へ」（同年9月30日），提言「東日本大震災被災地域の復興に向けて――復興の目標と7つの原則（第二次提言）」（同年9月30日）を，次々に公表してきた。9月21日の「提言」は，第一部の附置分科会として設置された「3.11以降の新しい日本社会を考える分科会」が中心となって

作成したものである。

　以上の文書にみられるように，学術会議としては，東日本大震災に直面して以降，かつてないほど密度の高い活動を展開してきたといえよう。しかし会員としては，学術会議に期待される責務がこの間に十分に果たされてきたとは，必ずしも考えていない。日本学術会議の中心的使命は，科学者コミュニティの意見を一つの声として，社会と政府に発信することであるが，とりわけ社会への発信については，不十分であったとおおいに反省している。この反省を活かしつつ，第22期においては，いっそう学術会議としての創意的な取組を進めなければならないだろう。第22期には，幹事会の附置委員会として「東日本大震災復興支援委員会」が設けられ，その下におかれた3つの分科会（「災害に強いまちづくり分科会」「産業振興・就業支援分科会」「放射能汚染対策分科会」）が発足した。これら分科会がどこまで実効性のある堅実な活動ができるか，厳しく問われているように思う。

3　第一部の活動および法学委員会について

　第21期最後の夏合宿をかねて，第一部では，2011年7月24日に九州大学西新プラザで公開市民シンポジウム「市民社会のなかの人文・社会科学」を開催し，大震災と人文社会科学の課題として，心理学，地域研究，経済学，経営学の各分野からみた復興策についての講演と質疑を行った。また，第21期における法学委員会の下の分科会としては，「IT社会と法分科会」が，2011年8月29日に「提言・IT社会の法システムの最適化」を公表した。労働に関連しては，課題別分科会から4月20日に，「労働・雇用と安全衛生に関わるシステムの再構築を——働く人の健康で安寧な生活を確保するために」という提言が出された。

　第22期の役員構成を紹介しておこう。第一部の役員は，部長・佐藤学会員，副部長・大沢真理会員，幹事・丸井浩会員，後藤弘子会員という構成であり，法学委員会の役員は，委員長・池田眞朗会員，副委員長・小幡純子会員，幹事・小森田秋夫会員，戒能民江会員となっている。第22期の会員および連携会員については，2010年10月から2011年9月までの間に，計7回の選考委員会において厳格に選考が行われてきた。労働法学会からも，以下の方々が連携会員に任命された（継続も含む。敬称略）。井上英夫，奥田香子，木下秀雄，島田陽一，中窪裕也，名古道巧，浜村彰，広瀬真理子，古橋エツ子，水島郁子，盛誠吾，良永弥太郎，和田肇。

　今後，第22期の会員・連携会員は，法学委員会の中のいずれかの分科会に所属することが期待されている。まだすべての分科会の設置が完了したわけではないが，これまでに法学委員会の下に設置された分科会とその世話人は，以下のとおりである。IT社会と法分科会（池田眞郎），ファミリー・バイオレンス分科会（戒能民江），

立法学分科会（井上達夫），グローバル化と法分科会（吾郷眞一），親密な関係に関する制度設計分科会（戒能民江），生殖補助医療と法分科会（後藤弘子），大震災後の安心・安全な社会構築と法分科会（小幡純子），ジェンダー法分科会（浅倉むつ子）。

　また，大半の法学委員会の会員は，第21期より継続して，課題別委員会である「大学教育の分野別質保証推進委員会」の下に設置された「法学分野の参照基準検討分科会」（河野正憲委員長）において，法学分野における参照基準の策定，学位に付記する専攻分野の名称についての検討など，継続して議論をしているところである。

（あさくら　むつこ）
（2011年12月28日記）

◆日本労働法学会第122回大会記事◆

　日本労働法学会第122回大会は，2011年10月16日（日）に立教大学において，大シンポジウムの一部構成で開催された（敬称略）。

　一　大シンポジウム
統一テーマ：「労使関係の変化と労働組合法の課題」
司　会：村中孝史（京都大学），中窪裕也（一橋大学）
1．「日本の労働組合をどう認識するか」報告者：久本憲夫（京都大学）
2．「地域組合と労働組合法理」報告者：名古道功（金沢大学）
3．「集団的労働法における労働者像」報告者：皆川宏之（千葉大学）
4．「労働組合法上の使用者概念と団交事項」報告者：木南直之（新潟大学）
5．「個別的労働関係法における労働組合の意義と機能」報告者：奥田香子（近畿大学）

　二　総　会
　1　第123回大会およびそれ以降の大会について
　鎌田耕一企画委員長より，今後の大会予定に関し，以下の通り報告がなされた。
◆第123回大会について◆
　(1)　期日：2012年5月20日（日）
　(2)　会場：関西学院大学（社会保障学会とは別会場）
　(3)　個別報告
〈第1会場〉
テーマ：「企業再建に向けた集団的労働関係処理の構造──倒産処理規範との抵触をめぐる日米比較」
報告者：池田悠（北海道大学）
司　会：荒木尚志（東京大学）
テーマ：「最低賃金と法規制・労使自治・生活保障──日英仏の最低賃金規制の比較法的検討」
報告者：神吉知郁子（東京大学グローバルCOE特任研究員）
司　会：荒木尚志（東京大学）

〈第2会場〉
テーマ:「フランス労働医の就労可能性判定機能の意義」
報告者:鈴木俊晴(早稲田大学大学院)
司　会:島田陽一(早稲田大学)
テーマ:「アメリカ団体交渉制度における公正代表義務の研究」
報告者:天野晋介(首都大学東京)
司　会:土田道夫(同志社大学)
〈第3会場〉
テーマ:「精神障害の労災認定基準の法的問題点と検討課題――精神障害の労災認定基準に関する専門検討会の議論を踏まえて」
報告者:田中建一(東洋大学非常勤講師)
司　会:鎌田耕一(東洋大学)
テーマ:「イギリス労働法における労務提供契約の成立の二重構造」
報告者:新屋敷恵美子(山口大学)
司　会:野田進(九州大学)
　(4)　ミニシンポジウム
〈第1会場〉
「労働審判制度の実態と課題」
　司　会:山川隆一(慶應義塾大学)
　報告者:佐藤岩夫(東京大学)
　　　　　高橋陽子=水町勇一郎(東京大学)
　コメント:宮里邦雄(弁護士)
　　　　　中山慈夫(弁護士)
　　　　　野田進(九州大学)
〈第2会場〉
「国際労働法の展開と課題」
　司　会:土田道夫(同志社大学)
　報告者:野川忍(明治大学)
　　　　　米津孝司(中央大学)
　　　　　村上愛(北海学園大学)
〈第3会場〉
「大震災と社会法の課題」
　司　会:盛誠吾(一橋大学),浅倉むつ子(早稲田大学)
　報告者:佐藤正明(弁護士)

　　　　早川智津子（岩手大学）
　　　　嵩さやか（東北大学）
　(5)　特別講演について
　鎌田企画委員長より，水野勝会員（東洋大学名誉教授）に，「労災補償の制度目的と，認定基準」とのテーマで特別講演をお引き受けいただいた旨が報告された。

◆第124回大会について◆
　(1)　期　　日：2012年10月14日（日）
　(2)　会　　場：学習院大学（社会保障法学会とは別会場）
　(3)　「有期労働をめぐる法理論的課題」との統一テーマで大シンポジウムの開催を予定している。

◆第125回大会について◆
　(1)　期　　日：2013年5月19日（日）
　(2)　会　　場：鹿児島大学
　(3)　内容については，個別報告およびミニシンポジウムの開催を予定している。

　2　学会誌について
　野川忍編集委員長から，以下の内容について報告がなされた。
　(1)　編集委員の交代について
　編集委員について，梶川敦子会員（神戸学院大学）から天野晋介会員（首都大学東京）へ，長谷川聡会員（中央学院大学）から春田吉備彦会員（沖縄大学）へ交代となったことが報告された。
　(2)　学会誌について
　学会誌118号は既に発行済みである。119号については，第122大会における大シンポジウムの報告者5名に原稿を依頼し，シンポジウム記録とともに掲載する。回顧と展望についても掲載する。なお，投稿論文は無い。
　(3)　日本労働法学会査読規程の改正について
　日本労働法学会誌査読規程第2条へ，「編集委員会への原稿提出の期限を徒過し，かつ督促を受けてのちの一定期間内においても原稿が提出されない場合には，査読委員長及び編集委員長との判断にもとづき，当該原稿について査読の対象としないことができる。」との規定を追加する旨の改正案について，理事会において可決されたことが報告された。

3　日本学術会議について

浅倉むつ子理事より，日本学術会議について以下の通り報告がなされた。

日本学術会議の第160回臨時総会が，2011年7月11日に行われ，定年によって会長職を退いた金澤一郎会長の後任として，第一部会員の広渡清吾氏が新会長に選出された。ただし広渡会長は，第21期で会員としての任期を満了された。学術会議は，東日本大震災に直面して，この間，かなり密度の高い活動を展開してきたが，科学者コミュニティの意見を一つの声として社会と政府に発信する課題は，なお未達成である。

第161回総会（10月3日～5日）では，第22期新体制が発足し，第三部会員の大西隆氏（東大，土木工学・建築学）が会長に就任した。私は第22期も会員として任期を継続する。労働法学会の会員のうち，22期連携会員に任命されている方のお名前は，以下の通りである（敬称略）。井上英夫，奥田香子，木下秀雄，島田陽一，中窪裕也，名古道功，浜村彰，広瀬真理子，古橋エツ子，水島郁子，盛誠吾，良永弥太郎，和田肇。

4　国際労働法社会保障法学会について

荒木尚志理事より，以下の4点について報告がなされた。

(1)　2011年9月21日に理事会が開催された。
①次期国際学会会長に，アルゼンチンのAdrián Goldín教授が選出された。
②今後の国際学会会議の予定は以下の通りである。
　　2012年9月25～28日：世界会議（チリ・サンチアゴ）
　　2013年アメリカ地域会議：エクアドル
　　2014年欧州地域会議：アイルランド（ダブリン）
　　チリの次の世界会議：2015年南アフリカ（ケープタウンを予定）
(2)　第10回欧州地域会議が，2011年9月21日～23日の日程でスペイン・セリビアで開催された。
(3)　第20回世界会議は2012年9月25日～28日の日程で，チリ・サンチアゴにおいて開催される。登録料については，2011年7月末での登録料が390USD，8月1日以降は450USD，2012年3月1日以降は510USD，2012年7月1日以降は570USDとなる。テーマは以下の通りである。
　　〇第一テーマ：労働法の実効性と労働監督
　　　ジェネラル・レポーター：Giuseppe Casale（Italy/ILO）
　　　ナショナル・レポーター：櫻庭涼子会員（神戸大学）
　　〇第二テーマ：職場におけるいじめとセクシャル・ハラスメント

　　　　ジェネラル・レポーター：Jose Luis Ugarte and Sergio Gamonal（Chile）
　　　　ナショナル・レポーター：橋本陽子会員（学習院大学）
　　　〇第三テーマ：基本権としてのストライキと市民の基本権との衝突可能性
　　　　ジェネラル・レポーター：Bernd Waas（Germany）
　　　　ナショナル・レポーター：桑村裕美子（東北大学）
　(4)　国際労働法社会保障法学会日本支部では，電子メールアドレスをお届けの会員には，会報以外にも，英文のサーキュラーや国際会議，国際セミナー等の情報，紙媒体では送付困難な「外国語論文・著書リスト（全体リスト）」等を随時送付している。加入は東京大学法学部荒木研究室（laborlaw@j.u-tokyo.ac.jp）にて随時受け付けている。

5　入退会について

　土田道夫事務局長より，退会者2名および以下の9名について入会の申込みがあったことが報告され，総会にて承認された（50音順，敬称略）。
金森史枝（社会保険労務士），清水香織（社会福祉振興・試験センター，明治大学大学院），世古修平（伊勢法律事務所），豊嶋康二（明治大学大学院），西原礼奈（明治大学大学院），廣中洋美（社会保険労務士），藤田美津夫（弁護士），村上文（帝京大学），柳澤恭仁（労働政策研究・研修機構）

6　奨励賞について

　野田進審査委員長より，富永晃一会員の論文「比較対象者の視点からみた労働法上の差別禁止法理──妊娠差別を題材として」（法学協会雑誌127巻4号495頁～127巻11号1771頁），および大木正俊会員（姫路獨協大学）の論文「イタリア労働法における賃金の均等待遇原則の展開──同一価値労働同一賃金原則と私的自治の関係」（早稲田法学84巻2号101頁～86巻1号31頁）が平成23年度の日本労働法学会奨励賞に選ばれた旨の報告がなされ，両会員に対して，島田陽一代表理事により，表彰状と副賞が授与された。

7　その他

(1)　学会ホームページのサーバー移転について
　土田事務局長より，学会ホームページのサーバー移転について，以下の通り報告がなされた。
　日本労働法学会のホームページは，現在，国立情報学研究所の学会ホームページ構築・提供支援サービスを利用しているが，同サービスが2012年3月31日をもって

終了するため，サーバーを民間ホスティング・サービスへ移行させる必要がある。この点につき，新たなサーバーの移転先として，既に見積もりを依頼しているファーストサーバ株式会社との間で，差し当たり6ケ月間の契約を締結することが，理事会において承認された。

(2) 日本労働法学会大会における託児所実施に関する要望について

島田代表理事より，日本労働法学会大会における託児所実施に関する要望について，以下の通り報告がなされた。

学会有志による「日本労働法学会大会における託児実施に関する要望書」を受け，理事会で議論のうえ，次回の日本労働法学会第123回大会における託児サービスについては，開催校担当理事である豊川義明理事および根本到理事の御協力により，基本的に実施する方向で検討する。また，託児サービスの実施・利用に伴う経済的負担に関しては，そのためのルール整備を次回理事会で検討する。

◆日本労働法学会第123回大会案内◆

1　期日：2012年5月20日（日）
2　会場：関西学院大学（社会保障法学会とは別会場）
3　内容
　(1)　個別報告
〈第1会場〉
テーマ：「企業再建に向けた集団的労働関係処理の構造――倒産処理規範との抵触
　　　　をめぐる日米比較」
報告者：池田悠（北海道大学）
司　会：荒木尚志（東京大学）
テーマ：「最低賃金と法規制・労使自治・生活保障――日英仏の最低賃金規制の比
　　　　較法的検討」
報告者：神吉知郁子（東京大学グローバルCOE特任研究員）
司　会：荒木尚志（東京大学）
〈第2会場〉
テーマ：「フランス労働医の就労可能性判定機能の意義」
報告者：鈴木俊晴（早稲田大学大学院）
司　会：島田陽一（早稲田大学）
テーマ：「アメリカ団体交渉制度における公正代表義務の研究」
報告者：天野晋介（首都大学東京）
司　会：土田道夫（同志社大学）
〈第3会場〉
テーマ：「精神障害の労災認定基準の法的問題点と検討課題――精神障害の労災認
　　　　定基準に関する専門検討会の議論を踏まえて」
報告者：田中建一（東洋大学非常勤講師）
司　会：鎌田耕一（東洋大学）
テーマ：「イギリス労働法における労務提供契約の成立の二重構造」
報告者：新屋敷恵美子（山口大学）
司　会：野田進（九州大学）

(2) 特別講演
テーマ:「労災補償の制度目的と認定基準」
報告者:水野勝(東洋大学名誉教授)
(3) ミニシンポジウム
〈第1会場〉
「労働審判制度の実態と課題」
司　会:山川隆一(慶應義塾大学)
報告者:佐藤岩夫(東京大学)
　　　　高橋陽子＝水町勇一郎(東京大学)
コメント:宮里邦雄(弁護士)
　　　　中山慈夫(弁護士)
　　　　野田進(九州大学)
〈第2会場〉
「国際労働法の展開と課題」
司　会:土田道夫(同志社大学)
報告者:野川忍(明治大学)
　　　　米津孝司(中央大学)
　　　　村上愛(北海学園大学)
〈第3会場〉
「大震災と社会法の課題」
司　会:盛誠吾(一橋大学),浅倉むつ子(早稲田大学)
報告者:佐藤正明(弁護士)
　　　　早川智津子(岩手大学)
　　　　嵩さやか(東北大学)

日本労働法学会規約

第1章　総　　則

第1条　本会は日本労働法学会と称する。
第2条　本会の事務所は理事会の定める所に置く。(改正，昭和39・4・10第28回総会)

第2章　目的及び事業

第3条　本会は労働法の研究を目的とし，あわせて研究者相互の協力を促進し，内外の学会との連絡及び協力を図ることを目的とする。
第4条　本会は前条の目的を達成するため，左の事業を行なう。
　1．研究報告会の開催
　2．機関誌その他刊行物の発行
　3．内外の学会との連絡及び協力
　4．公開講演の開催，その他本会の目的を達成するために必要な事業

第3章　会　　員

第5条　労働法を研究する者は本会の会員となることができる。
　本会に名誉会員を置くことができる。名誉会員は理事会の推薦にもとづき総会で決定する。
　（改正，昭和47・10・9第44回総会）
第6条　会員になろうとする者は会員2名の紹介により理事会の承諾を得なければならない。
第7条　会員は総会の定めるところにより会費を納めなければならない。会費を滞納した者は理事会において退会したものとみなすことができる。
第8条　会員は機関誌及び刊行物の実費配布をうけることができる。(改正，昭和40・10・12第30回総会，昭和47・10・9第44回総会)

第4章　機　　関

第9条　本会に左の役員を置く。
　1．選挙により選出された理事（選挙理事）20名及び理事会の推薦による理事（推薦理事）若干名

2．監事　2名
（改正，昭和30・5・3第10回総会，昭和34・10・12第19回総会，昭和47・10・9第44回総会）

第10条　選挙理事及び監事は左の方法により選任する。
　1．理事及び監事の選挙を実施するために選挙管理委員会をおく。選挙管理委員会は理事会の指名する若干名の委員によって構成され，互選で委員長を選ぶ。
　2．理事は任期残存の理事をのぞく本項第5号所定の資格を有する会員の中から10名を無記名5名連記の投票により選挙する。
　3．監事は無記名2名連記の投票により選挙する。
　4．第2号及び第3号の選挙は選挙管理委員会発行の所定の用紙により郵送の方法による。
　5．選挙が実施される総会に対応する前年期までに入会し同期までの会費を既に納めている者は，第2号及び第3号の選挙につき選挙権及び被選挙権を有する。
　6．選挙において同点者が生じた場合は抽せんによって当選者をきめる。
　推薦理事は全理事の同意を得て理事会が推薦し総会の追認を受ける。
　代表理事は理事会において互選し，その任期は2年とする。
　　（改正，昭和30・5・3第10回総会，昭和34・10・12第19回総会，昭和44・10・7第38回総会，昭和47・10・9第44回総会，昭和51・10・14第52回総会，平成22・10・17第120回総会）

第11条　理事の任期は4年とし，理事の半数は2年ごとに改選する。但し再選を妨げない。
　監事の任期は4年とし，再選は1回限りとする。
　補欠の理事及び監事の任期は前任者の残任期間とする。
　　（改正，昭和30・5・3第10回総会，平成17・10・16第110回総会，平成22・10・17第120回総会）

第12条　代表理事は本会を代表する。代表理事に故障がある場合にはその指名した他の理事が職務を代行する。

第13条　理事は理事会を組織し，会務を執行する。

第14条　監事は会計及び会務執行の状況を監査する。

第15条　理事会は委員を委嘱し会務の執行を補助させることができる。

第16条　代表理事は毎年少くとも1回会員の通常総会を招集しなければならない。
　代表理事は必要があると認めるときは何時でも臨時総会を招集することができる。総会員の5分の1以上の者が会議の目的たる事項を示して請求した時は，代表理事は臨時総会を招集しなければならない。

第17条　総会の議事は出席会員の過半数をもって決する。総会に出席しない会員は書面により他の出席会員にその議決権を委任することができる。

第5章　規約の変更

第18条　本規約の変更は総会員の5分の1以上又は理事の過半数の提案により総会出席会員の3分の2以上の賛成を得なければならない。

平成22年10月17日第120回総会による規約改正附則
第1条　本改正は，平成22年10月1日より施行する。
第2条　平成22年10月に在任する理事の任期については，次の通りとする。
　　一　平成21年5月に就任した理事の任期は，平成24年9月までとする。
　　二　平成22年10月に就任した理事の任期は，平成26年9月までとする。
第3条　平成21年5月に在任する監事の任期は，平成24年9月までとする。

学会事務局所在地
　〒602-8580　京都市上京区今出川通烏丸東入　同志社大学法学部・法学研究科
　　　　　　　土田道夫研究室
　　　　　　　TEL：075-251-3614
　　　　　　　FAX：075-251-3060
　　　　　　　e-mail：rougaku@gmail.com

SUMMARY

《Symposium》

Zweck und Gegenstand des Symposiums

Takashi MURANAKA

Das Gewerkschaftsgesetz hat seit lange keine grosse Änderung erfahren. Aber die Umstände darum haben sich ziehmlich geändert. Zum Beispiel hat die Zahl der Nichtstammarbeitnehmer zugenommen und die Betiriebe werden öfter übergegangen. Das Symposium hat den Einflusse dieser Änderungen auf die Arbeitsbeziehungen und das kollektive Arbeitsrecht behandelt. Konkret wurde die folgende Probleme diskutiert; Änderungen der Funktionen und Formen der Gewerkschaft, Rechtsprobleme der kleinen und regionalen Gewerkschaft, Änderung der Arbeitnehmerbild und ihre Einflusse auf das Arbeitsrecht, Einflusse des Betriebsübergangs und der Umstrukturierung auf den Begriff der Arbeitgeber und das Recht der kollektiven Verhandlung, sowie die Bedeutung der Gewerkschaft im individuellen Arbeitsrecht.

What is a Japanese Enterprise Union?

Norio HISAMOTO

Ⅰ Introduction
Ⅱ What is a Japanese Enterprise Union?
  1 Institutional Features

2 Is a Japanese Enterprise Union a Company Union?
  3 Functional Features
    (1) Firm-Member Oriented
    (2) Career Continuity Between Union Member and Manager
    (3) Joint-Consultation Oriented
Ⅲ Balanced or Equal Treatment and Union Activity
  1 Why not "Equal Pay for Equal Work"?
    (1) Price Equalization Mechanism is not Work
    (2) Labor Markets are Different
      ① Internal or External Labor Markets
      ② Typical or Atypical Employees in an Internal Labor Market
  2 Why do They Claim "Equal Pay for Equal Work" as a Slogan?
  3 Living-wages Thought and Japanese Trade Unionism
  4 We Need the Solidarity as a Union Member and the Argument on a Fair Difference
Ⅳ Conclusion

Community Union and Theory of Labor Union Law

Michitaka NAKO

Ⅰ Introduction

Recently Community Union deserves our attention in contrast to the company union. Community Union organize the middle management, non-regular employees and foreign workers, and solve actively many disputes of employees.

I investigated the actual situations of Community Union and explored the legal problems about Community Union.

Ⅱ Actual Situations of Community Union

SUMMARY

  1 Definition of Community Union
  2 Characteristics of Community Union compared with the Company Union
     2-1 Form of Organization
     2-2 Object of Organization
     2-3 Principle of Organization
     2-4 Activity of Trade Union
     2-5 Collective Bargaining
     2-6 Field of Activity
     2-7 Affiliation and Leave
III Legal problems about Community Union
  1 Community Union and the Trade Union in Article 5 (1) Trade Union Law
  2 Collective Bargaining
  3 Street Activity
  4 Individual Labor Dispute
IV Conclusion

Figuration of "Workers" in Japanese Collective Labor Law

Hiroyuki MINAGAWA

I Introduction
II Issues on Personal Scope of Labor Law
  1 Image of Workers and Formation of Legal Definition of "Workers"
  2 Theories about Legal Definition of Workers in Germany
  3 Diversification of Working Styles and Image of Workers
III Legal Definition of Workers in Japanese Labor Law
  1 "Workers" in Labor Standards Act

2 "Workers" in Labor Union Act
Ⅳ Who should be "Worker" in Collective Labor Law?
  1 Theories about Workers in Labor Union Law
  2 The Supreme Court's Judgements on the Legal Definition of Workers in Labor Union Act
  3 Figuration of Workers in Collective Labor Law
Ⅴ Conclusion

The Concept of the Employer in Labor Union Law and the Subjects of Collective Bargaining

Naoyuki KINAMI

Ⅰ Introduction
Ⅱ Asahi Hoso Case and Theories
  1 Cases before Asahi Hoso Case
  2 Asahi Hoso Case, Supr. Ct., 3rd Petty Bench, Feb. 28, 1995
Ⅲ Analysis of Cases after Asahi Hoso Case
  1 Supplying Enterprise (Worker Dispatch)
  2 Parent Enterprise
Ⅳ Hypothesis —— Reconsideration of the Concept of the Employer in Labor Union Law
  1 Summary of Cases after Asahi Hoso Case
  2 New Concept of the Employer in Labor Union Law
Ⅴ Conclusion

SUMMARY

The Roles of Trade Unions in Individual Labor Relations Law

Kaoko OKUDA

I　Introduction
II　Majority Union's Right of Collective Bargaining concerning Labor-management Agreement
　1　Majority Union's Right of Collective Bargaining concerning Conclusion of Labor-management Agreement
　2　Relations between Labor-management Agreement and Collective Agreement Concluded by Majority Union
III　Minority Union's Right of Collective Bargaining concerning Labor-management Agreement
　1　Minority Union's Right of Collective Bargaining concerning Conclusion of Labor-management Agreement
　2　Employer's Duty to Bargain with Minority Unions
IV　Determinations of Reasonableness of Work Rules and Union Negotiations
　1　Framework for Reasonableness of Work Rules
　2　Majority Union's Negotiation
V　Conclusion

編集後記

◇ 本号は2011年10月16日に立教大学において開催された第122回大会における大シンポジウムを中心に構成されている。大シンポジウムでは，「労使関係の変化と労働組合法の課題」を統一テーマとし，現代的な視点の下で集団的労使関係についての多角的な報告がなされ，また参加者多数の発言を受けて活発な議論が展開された。

◇ 執筆者の先生方には，お忙しいなか本号の刊行スケジュールにあわせてご尽力いただいた。また，村中孝史査読委員長及び査読委員の先生方には多大なご協力をお願いすることになったにもかかわらず，迅速かつ丁寧な対応をしていただいた。この場を借りて改めて感謝の意を表したい。

(篠原信貴／記)

《学会誌編集委員会》
野川忍（委員長），紺屋博昭，中内哲，篠原信貴，細谷越史，奥田香子，畑中祥子，渡邊絹子，阿部未央，石田信平，富永晃一，春田吉備彦，天野晋介（以上，2012年2月現在）

労使関係の変化と労働組合法の課題　　　日本労働法学会誌119号

2012年5月10日　印　刷
2012年5月20日　発　行

編 集 者　日本労働法学会
発 行 者

印刷所　株式会社 共同印刷工業　〒615-0052 京都市右京区西院清水町156-1
　　　　　　　　　　　　　　　　電　話 (075)313-1010

発売元　株式会社 法律文化社　〒603-8053 京都市北区上賀茂岩ヶ垣内町71
　　　　　　　　　　　　　　　電　話 (075)791-7131
　　　　　　　　　　　　　　　Ｆ Ａ Ｘ (075)721-8400

2012 ⓒ 日本労働法学会　Printed in Japan
装丁　白沢 正
ISBN978-4-589-03432-8